中学受験用

# 社会科の記述問題の書き方

改訂新版

JN085730

NICHINOKEN
BOOKS

# 本書の構成と使い方

　社会科の入試問題の解答形式には「穴埋め」「選択肢」「語句の記述」「文(文章)の記述」などがあります。この中で、とくに文(文章)で答える記述問題は、単に知識を持っているだけでは十分な解答はつくれません。日能研では、テスト・公開模試などで多くの記述問題を出題していますが、採点や添削をしていると、あともう一歩のところで○を逃している解答がたいへん多いのです。

　この本は、記述・論述式問題での「解答までの手順」をていねいに解説し、それを理解して身につけるための演習問題をたくさん収録しているので、じっくり取り組むことで確実に記述問題に対応する力をつけることができます。

　また、記述・論述式問題もやはり知識がなくては答えられないものがほとんどなので、日能研ブックスの『メモリーチェック社会』(みくに出版刊)などを使って知識の確認をし、じょうずに組み合わせて学習すると効果的です。

## 第1部　記述問題の書き方

### ●記述問題の解答の書き方

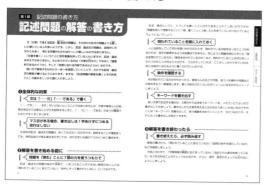

解答を書くときの基本的な約束ごと(ルール)をまとめています。

約束ごとは他教科でも同様なので、しっかり頭に入れておきましょう。

### ●記述する内容別の考え方

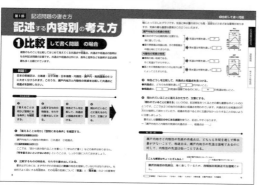

問われる内容によって4つのパターンに分け、解答までの手順を解説しています。

それぞれの手順を身につければ、どんな問題にあたっても応用がききます。

## 第2部　演習問題

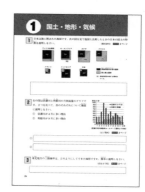

## 別冊　考え方と解答例

# も く じ

## 第1部 記述問題の書き方

記述問題の解答の書き方 ························· 4
記述する内容別の考え方
　❶比較して書く問題の場合 ················· 8
　❷理由・原因を説明する問題の場合 ········· 12
　❸意味・内容を説明する問題の場合 ········· 16
　❹意見・考えを書く問題の場合 ··········· 20

入試によく出題される
問題、最近出題が増え
ている問題を厳選して
います。

最も入試に出る20
字程度の記述を中心
に構成。200字近い
長文もカバー。

## 第2部 演習問題

① 国土・地形・気候 ····················· 26
② 日本の農水産業 ····················· 28
③ 日本の工業 ························· 32
④ 資源と環境 ························· 34
⑤ 人口と国民生活 ····················· 38
⑥ 貿易と交通 ························· 42
⑦ 政治・法制史 ······················· 44
⑧ 社会・経済史 ······················· 46
⑨ 外交史 ··························· 50
⑩ 文化・宗教史 ······················· 52
⑪ 日本国憲法と基本的人権 ··············· 54
⑫ 三権分立・予算・地方自治 ············· 56
⑬ 日本と世界の結びつき ················· 60

すべての演習問題につ
いて、考え方を解説し
ています。

「解答例」「採点のポ
イント」で、自分の
解答の足りないとこ
ろがわかります。

## 別冊 考え方と解答例

# 記述問題の解答の書き方

　文（文章）で答える記述・論述式の問題は、そのほかの形式の問題よりも難しいと感じている人が多いようです。しかし、記述・論述式の問題は、設問中に手がかりも多く、考える手順がわかればけっして難しいものではありません。

　「文章を書く」ということに苦手意識を持っている人もいますが、記述・論述は作文ではありません。もとめられているのは「文章の巧みさ」ではなく「論理的であるかどうか」、そして「他者に伝わる内容であるかどうか」なのです。

　短い文で解答するものから一歩一歩演習していくことで、だれでも記述・論述式の解答が書けるようになります。まずは、「記述問題の解答を書くときの約束ごと」の基本をしっかり頭に入れましょう。

## ❶全体的な約束 ……………………………………………………………………

> ### 文は「……だ」「……である」で書く

　「……です」「……ます」がいけないということではありませんが、字数や解答らんの制限がある中で必要なことがらを説明するときに、「……だ」「……である」のほうが簡潔でわかりやすくまとまります。

> ### マス目がある場合、書き出しは1字あけずにつめる
> ### 改行はしない

　社会科の記述・論述式の問題は、多くても200〜300字です。説明することが複数あっても、特別な指示がある場合をのぞいては、改行せずに先頭のマスからつめて書きます。

## ❷解答を書き始める前に ……………………………………………………………

> ### 問題を「読む」ことに7割の力を使うつもりで

　記述・論述式の問題の採点や添削で、○をつけることができない解答のほとんどは、「問われていることに答えていない」「条件にそって書かれていない」というものです。

記述・論述というと、どうしても書くことにばかり気をとられてしまいがちですが、「問題を読んで理解することに７割、書くことに３割」の力を使うくらいのつもりでいるとちょうどよいでしょう。

## 問われていることを頭に入れておく

人と会話をしていて何かを問いかけられたとき、問われている内容をはっきりとつかめなければ、相手が納得するような返事はできません。同じように問題を読むときにも「理由を問われているのか」「意見をきかれているのか」など、問われていることは何かをしっかりつかむことが何より大切です。うらがえしていえば、ここがしっかりできていれば、あとは相手に伝わるように書くだけでいいのです。

## 条件を確認する

何が問われているのかがわかったら、解答らんの広さや字数、使うべき資料や用語などの条件をもう一度確認します。書く内容がどれくらいのボリュームになるのかもイメージしましょう。

## キーワードを書き出す

長い文章で記述する場合は、文章の中で必ず使うキーワードを、メモていどでよいので書き出してみましょう。書き出しから文章を考えるとなかなかうまくいかないものですが、ことば（キーワード）を書き出して、使う順番を決めていくことで、文のつながりや、それに合った書き出しが見えてきます。

## ❸解答を書き終わったら ·······························

### 書き終えたら、必ず読み返す

解答が書けたら、「問われていることに答えているか」「設問の条件を満たしているか」などを確認しましょう。

内容と合わせて、「字数制限の範囲におさまっているか」「指定された語句を使っているか」など形式的なことのチェックも大切です。さらに、誤字・脱字のチェックも忘れないようにしましょう。

## ❹文字数の約束 ・・・・・・・・・・・・・・・・・・・・・・・・・・・・・・・・・・・・・・・・・・・・・・・・・・・・・・・・・・・・・・・・

### 字数制限がある場合
### →字数はオーバーしてはいけない

　解答の字数制限には、以下のようなパターンがあります。指定された字数をオーバーしないことが原則で、オーバーすると採点してもらえないことがあります。「。」や「、」も１字として数えられるので、枠やマス目の外にはみ出ないようにしましょう。

● 「○字以内で書きなさい」という場合

　指定された字数のおよそ８割をうめるつもりで書きましょう。多少字数が足りなくても採点の対象になりますが、少なすぎる場合は必要な内容が入っていない可能性が高いので、もう一度問題文を読み、ほかに書くべきことがないかを考えましょう。

● 「○字以上□字以内で書きなさい」という場合

　必ず「○字～□字」の間におさまるように書きましょう。下限である○字よりも少ない場合は、採点の対象にならないこともあります。

● 「○字前後で書きなさい」という場合

　指定された字数よりも、１～２割少ないものから１～２割多いものまで、文字数が前後してもかまわないというタイプの字数指定です。「20字前後で書きなさい」とあれば、目安として17字～23字くらいにおさまることを目指して書きましょう。

### 字数指定がない場合
### →解答らんの大きさを手がかりにする

　字数指定がとくにない場合は、解答らんの大きさが書くべき字数のおよその手がかりになります。出題者は解答を想定し、「必要な要素を入れるには、これくらいの広さが必要だろう」と考えたうえで解答らんをつくります。「解答らんの大きさ」も出題者からのメッセージであり、手がかりなのです。ことさら大きな字で書いたり、小さな字でつめこんだりしないようにしましょう。字数をかせぐためにひらがなばかりにするのもやめましょう。

## ❺文末の約束 ・・・・・・・・・・・・・・・・・・・・・・・・・・・・・・・・・・・・・・・・・・・・・・・・・・・・・・・・・・・・・・・・

### 原因・理由の説明では、文末を「～から。」「～ため。」で結ぶ

　社会科の記述・論述でもとめられるのは、そのほとんどが何かを説明することです。説明する内容は、「ことばの意味」「原因や理由」「結果や影響」「特色」「条件」「目的」「は

たらき」「共通点や相違点」「問題点」「意見」などさまざまです。ですから、説明する内容によって文末の結び方は変わります。その中で、出題数の比較的多い、原因や理由を説明する場合の例をあげると、文末を「〜から。」「〜ため。」で結ぶと読みやすくなると同時に、「原因や理由」を答えているのだということが採点者に伝わりやすいという利点があります。ただし、「〜から。」「〜ため。」で終わらなくても、原因や理由を表現することは可能なので、字数の関係などで無理なときには必ずしもこの約束にこだわることはありません。

### 意見を書く場合には、言いきる

「あなたの意見を書きなさい」というような、意見を書く問題の場合には、はっきりと言いきることが大切です。どちらともとれるようなあいまいな結論や、「〜かもしれない」というようなはっきりしない文末にならないようにしましょう。また、「悲しい」「うれしい」といった心情を述べる必要もありません。「わたしは……と考える。なぜなら……である。」というかたちで論理的にまとめるとよいでしょう。

## ❻資料を読み取る問題での約束 ･･････････････････････････

### 資料から読み取ったことを、解答の中に必ずふくめる

「…次のグラフを参考にして説明しなさい」「…地図1・2を使って説明しなさい」といった問題の場合、それらの資料から読みとった情報を必ず解答に入れ、「参考にした」「使った」ということが出題者に伝わるように書きましょう。このような問題では、出題者は「丸暗記してきた知識ではなく、読み取ってわかったことを使ってその場で考えてほしい」と思っているからです。

## ❼用語指定がある問題での約束 ･･････････････････････････

### 用語指定がある場合は、語句をそのまま変えずに使う

使用する用語の指定は、解答の方向性を見つけるための大きな手がかりになります。なぜならそれらの用語はその問題を考えるうえでのキーワードでもあるからです。用語どうしの関係をつかみ、使う順序さえきまれば、とても書きやすい問題です。ただし、漢字で書かれた用語を勝手にひらがなに直したり、ことばの一部を変えたりしてはいけません。指定されたままのかたちで正しく使いましょう。

## 第1部　記述問題の書き方

# 記述する内容別の考え方

## ① 比較 して書く問題 の場合

複数のものごとを比較してはじめて見えてくる共通点や相違点。共通点や相違点の説明は社会科記述問題の定番です。共通点や相違点以外には、長所と短所などを説明する記述問題も多く出題されています。

### 例題1

日本の気候区は、北海道・太平洋側・日本海側・内陸性・瀬戸内・南西諸島の6つに大きく分けられます。このうち、瀬戸内地方と内陸性の気候を比較して共通点と相違点を説明しなさい。

---

**考える手順**

| ❶ | ❷ | ❸ | ❹ |
|---|---|---|---|
| 「答えることは何か」「設問にある条件」を確認する。 | 比較するものの特色を、それぞれ書き出してみる。 | 特色どうしを比較して、共通点と相違点を見つける。 | 問われていることに答えるかたちで、文章にする。 |

**❶　「答えることは何か」「設問にある条件」を確認する。**

答えることを確認しよう

　瀬戸内地方と内陸性の気候の、①共通点　②相違点。

条件を確認しよう

　ここでは、「図から読み取れることを書く」「○字以内で書く」などの条件はありません。**「何を答えないといけないのか」** ということは、しっかり頭に入れておきましょう。

**❷　比較するものの特色を、それぞれ書き出してみる。**

　書き出すためには、まずそれぞれの気候区の**気候**の特色を理解していなければなりません。社会科でよく目にする雨温図は、その地域の気候について「**気温**」と「**降水量**」の2つの要素を

軸にとって示したグラフです。気温と降水量のほかにも風・湿度などさまざまな要素がありますが、気候の最も重要な要素がこの2つといえます。

### 瀬戸内地方の気候の特色

●日本の中では比較的南に位置する。
　海に面している。 ➡ 気温は年間を通して ア 。

●夏の季節風は四国山地、冬の季節風は
　中国山地にさえぎられる。 ➡ 降水量は年間を通して イ 。

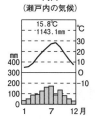

岡山
（瀬戸内の気候）

### 内陸性の気候の特色

●標高の高い地域である。
　冬に気温が下がりやすい。 ➡ 気温は年間を通して ウ 。

●夏と冬の季節風がまわりの山地や山脈
　によってさえぎられる。 ➡ 降水量は年間を通して エ 。

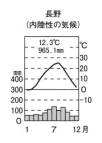

長野
（内陸性の気候）

❸ 特色どうしを比較して、共通点と相違点を見つける。

●**共通点**は、どちらも年間を通して オ が少ないこと。

●**相違点**は、 カ の気温は温暖であるのに対し、 キ の気温は低いこと。

❹ 問われていることに答えるかたちで、文章にする。

　「**問われていることに答える**」というのは、記述解答をつくるときの最も重要なポイントのひとつです。ここでは2つの地方の共通点と相違点を問われています。共通点または相違点の片方だけ説明して終わっていたり、相違点を述べるときに主語がなかったりすることのないように注意しましょう。

　書き出しは**設問文の中にある表現**を使うと、記述しやすくなります。

→「瀬戸内地方と内陸性の気候の共通点は……、相違点は……。」

**解答例**

瀬戸内地方と内陸性の気候の共通点は、どちらも年間を通して降水量が少ないことで、相違点は、瀬戸内地方の気温は温暖であるのに対して、内陸性の気温は低いことである。

**こんな解答はちょっとざんねん！**

主語が瀬戸内地方になっているよ！

共通点が書かれていないよ！

瀬戸内地方の気候は、海に面しているため、内陸性の気候よりも温暖だから。

【 の解答】 アあたたかい　イ少ない　ウ低い　エ少ない　オ降水量　カ瀬戸内地方　キ内陸性

# 記述する内容別の考え方

社会科の設問形式の定番パターンのひとつに「資料を読み取って答える問題」があります。そして、記述問題においても、資料から読み取ったことをもとにして記述をするという問題がたいへん多く出題されています。例題②では、資料から読み取ったことをもとに、比較して記述する問題を考えてみましょう。

## 例題②

次のグラフを見て、戦前と戦後の日本の貿易の共通点と相違点を説明しなさい。

### 輸出入品目の戦前と戦後の比較

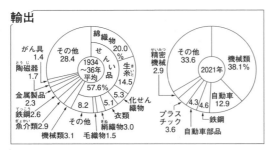

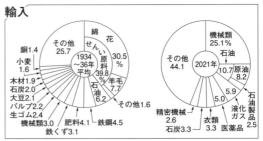

※内訳と計が合うように調整していない（『日本国勢図会』より）

## 考える手順

❶「答えることは何か」「設問にある条件」を確認する。

❷ グラフを読み取り、読み取った情報をそれぞれ書き出してみる。

❸ 書き出した情報から、共通点と相違点を見つける。

❹ 問われていることに答えるかたちで、文章にする。

### ❶ 「答えることは何か」「設問にある条件」を確認する。

**答えることを確認しよう**

戦前と戦後の日本の貿易の、①共通点　②相違点。

**条件を確認しよう**

「次のグラフを見て」とあるので、グラフから読み取れることを解答に入れる。

### ❷ グラフを読み取り、読み取った情報をそれぞれ書き出してみる。

　グラフは、戦前（1934〜1936年の平均）と戦後（2021年）の輸出入品目を割合で比較しています。このような割合を示すグラフでは、**割合（％）の大きい品目**に目を向けましょう。

　グラフからは次のようなことがわかります。

●**戦前**は、おもに綿花や羊毛などの　ア　を輸入し、綿織物や生糸などの　イ　を輸

出していた。

●**戦後**は、［　ウ　］や機械類などをおもに輸入し、輸出は圧倒的<sup>あっとう</sup>に機械類が多い。

❸　書き出した情報から、共通点と相違点を見つける。

**戦前と戦後の貿易の共通点**

●戦前も戦後も、綿花や石油のような［　エ　］を輸入して、綿織物や機械類のような

［　オ　］を輸出するという貿易のしかたである。このような貿易を加工貿易という。

　　➡**共通点は、加工貿易を行っているところ。**

**戦前と戦後の貿易の相違点**

●戦前は「おもにせんい原料を輸入して、せんい製品を輸出する」というように、貿易の中心

が［　カ　］工業の原料や製品であったのに対し、戦後は「石油など鉱物性原料を輸入して、

機械類を輸出する」というように貿易の中心が［　キ　］工業の原料や製品となっている。

●戦後の貿易では、戦前に比べて製品の輸入も多くなっている。

　　➡**相違点は、貿易の中心となる分野。**また、**加工貿易の度合いも弱まっている。**

> ワンポイント
> 近年の日本の貿易品目は、輸入・輸出とも機械類が大きな割合をしめています。これは、新興<sup>しんこう</sup>工業国の台頭によって海外から安い機械が多く輸入されるようになったことが原因です。また、東日本大震災<sup>しんさい</sup>による原子力発電所の事故を受けて、日本では火力発電の割合が過去最大になっているため、2011年<sup>いこう</sup>以降の輸入品目は石油や液化天然ガスなどの燃料<sup>けいりょう</sup>が再び増加傾向にあります。

❹　問われていることに答えるかたちで、文章にする。

　ここでは戦前と戦後の貿易を比べたときの、共通点と相違点が問われています。戦前と戦後を比較できていること、共通点と相違点の両方を述べているかどうかに注意しましょう。

● **解答例**

> 共通点は、戦前戦後ともに原料を輸入し、製品を輸出する加工貿易を行っている点である。相違点は、戦前はおもに軽工業製品を輸出しているのに対し、戦後は重化学工業製品を輸出していることと、近年は製品の輸入も多くなっていることである。

✏ **こんな解答はちょっとざんねん！** ─共通点が書かれていないよ！

> 戦前は、おもに軽工業の原料を輸入して、軽工業の製品を輸出しているが、戦後は、おもに重工業の原料を輸入して、重工業の製品を輸出している。

【［　］の解答】　アせんい原料　イせんい品　ウ石油　エ原料　オ製品　カ軽　キ重化学

# ②理由・原因 を説明する問題 の場合

「なぜですか」「どうしてですか」など、理由や原因の説明を求める問題は、記述問題の中でもとくに多いもののひとつです。現代社会のできごとも、歴史上のできごとも、必ず背景に理由や原因があり、そうした理由や原因を理解することこそが、世の中を理解することにつながります。

## 例題3

横浜・川崎・東京の各港は、もともと日本でもコンテナをあつかう重要な港でしたが、2010年8月、政府が横浜・川崎・東京港をまとめた京浜港を「国際コンテナ戦略港湾」のひとつに指定しました。このように、コンテナをあつかうことが広まったのは、どのような理由からですか。次のコンテナの写真を参考にして、2つ答えなさい。

写真1

写真2

（麻布）

### 考える手順

| ❶ | ❷ | ❸ | ❹ |
|---|---|---|---|
| 「答えることは何か」「設問にある条件」を確認する。 | 写真1・2からわかることをそれぞれ書き出してみる。 | 書き出したことをもとに、理由を推測する。 | 問われていることに答えるかたちで、文章にする。 |

❶ 「答えることは何か」「設問にある条件」を確認する。

**答えることを確認しよう**

コンテナのあつかいが広まった理由。

**条件を確認しよう**

①写真を参考にして説明する。　②理由は2つ答える。

設問には「写真を参考にして」とあるので、**写真からわかることに限定**して考えてみましょう。

❷　写真１・２からわかることをそれぞれ書き出してみる。

| 写真１からわかること |
コンテナが積み重なっている。

| 写真２からわかること |
コンテナの背後にクレーンがある。

❸　書き出したことをもとに、理由を推測する。

❷から、どのような理由が推測できるでしょうか。

広まった理由を答えるわけですから、ほかの荷物と比べたときのコンテナの「利点」を考えるとよいでしょう。

| コンテナとは？ |貨物を運ぶための箱型の入れもののこと。

　　　　　　　輸送効率を考えて、形と大きさがすべて同じにつくられていることが特色。

⬇　ということは…

| コンテナが積み重なっている写真からは |

⇒コンテナは同じ　ア　と　イ　なので、積み重ねて置ける利点があるとわかる。

| コンテナの背後にクレーンがある写真からは |

⇒コンテナは船からクレーンで楽に積みおろしができる利点があるとわかる。

❹　問われていることに答えるかたちで、文章にする。

❸で推測した理由のほかに、コンテナは金属製で丈夫なので「くりかえし使える」「中の荷物を守りやすい」「過剰な包装をはぶくことができる」などの理由がありますが、設問には「写真を参考にして」とあるので、❸の２つの利点を優先して書くべきです。また、**理由を問われているので文末を「〜から。」にする**と、伝わりやすい文章にできます。

**解 答 例**

同じ形と大きさなので、貨物を積み上げて置いておくことができるから。

クレーンを使って、船からの積みおろしがらくにできるから。

**こんな解答はちょっとざんねん！**───コンテナのことではなく京浜港のことが書かれているよ！

京浜港は、コンテナをあつかった効率が良い輸送ができているから。

答えが１つしかないよ！

【　　　の解答】　ア形　イ大きさ

# 記述する内容別の考え方

「解答の字数制限」は記述問題によくあるパターンです。「○字以内で答えなさい」という問題の場合、多少字数が足りない解答でも採点の対象になりますが、字数をオーバーしてしまうと採点してもらえないこともあるので、字数オーバーはぜったいにしてはいけません。例題④では、字数制限がある理由・原因を説明する記述問題を考えてみましょう。

## 例題④

菅原道真が遣唐使の停止を提案した理由を、文(1)・文(2)から2つ考えて、20字以内で答えなさい。

(1) 7世紀前半に中国で隋にかわって唐がおこると、朝廷は遣唐使を派遣した。遣唐使は、8世紀にはおよそ20年に1度の割合で派遣された。しかし、造船や航海の技術は未熟であり、また、東シナ海を直接横切るという危険な航路をとるようになったこともあり、遣唐使船はしばしば遭難した。

(2) 遣唐使は838年に派遣された後、50年以上も派遣されなかった。894年に菅原道真が遣唐使に任じられたが、派遣の中止を提案したため、遣唐使の派遣は中止されることになった。東アジアの政治と文化の中心だった唐は、8世紀の内乱によってかつてほどの勢いがなくなり、907年に滅んだ。

(獨協)

### 考える手順

**❶** 「答えることは何か」「設問にある条件」を確認する。

**❷** 文(1)・(2)を読み取って、理由につながる内容をさがす。

**❸** 2つの理由になるように、また、字数内におさまるように、内容を整理する。

**❹** 問われていることに答えるかたちで、指定された字数の範囲で文章にする。

## ❶ 「答えることは何か」「設問にある条件」を確認する。

**答えることを確認しよう**

菅原道真が遣唐使の停止を提案した理由。

**条件を確認しよう**

①文(1)・文(2)から考える。 ②2つの理由を入れる。 ③20字以内で説明する。

菅原道真の提案により、894年に遣唐使が停止されたことは、理由とともに知識として持っている人も多いでしょう。しかし、この問題では「文(1)・文(2)から2つ考えて」と、資料が示

されています。**示された資料を見ずに自分の頭の中にある知識だけで答えることはやめましょう**。自分が知っていたこととは異なる切り口からの理由が書かれているかもしれません。資料を見たということを相手に伝えるためには、**資料の中にあることばを解答の中にうまく使う**とよいでしょう。

**❷ 文(1)・(2)を読み取って、理由につながる内容をさがす。**

**文(1)からわかる、理由につながる内容**

造船や　　ア　　の技術が未熟であったうえに、危険な　　イ　　をとるようになったこともあり、遣唐使船はしばしば　　ウ　　した。

**文(2)からわかる、理由につながる内容**

唐は東アジアの　　エ　　や　　オ　　の中心だったが、8世紀の内乱によって　　カ　　がなくなり、907年に滅んだ。

**❸ 2つの理由になるように、また、字数内におさまるように、内容を整理する。**

　この問題は20字以内と字数の指定がかなり短めです。簡潔に理由を2つ説明するためには、読み取った内容のうち、どの部分を使えばよいかを考えます。そのとき、**キーワードになりそうなことば**を書き出してみるとよいでしょう。

**文(1)のキーワード**　航海の技術が未熟・危険な航路・しばしば遭難

**文(2)のキーワード**　内乱・勢いがなくなった・滅んだ

**❹ 問われていることに答えるかたちで、指定された字数の範囲で文章にする。**

　文(1)・(2)のことばを使いながら、20字におさまるように調整します。❸で整理した内容でもまだ多すぎるので、遣唐使停止の直接の理由につながる内容を優先して選び、簡潔にまとめます。「勢いがなくなった」を「おとろえた」と言いかえるなどして、字数を減らすこともできます。

**解答例**

航海が危険で、唐の勢いもなくなったから。（20字）

**こんな解答はちょっとざんねん！**　字数オーバー！　(1)からわかる理由しか入ってないよ！

遣唐使船は技術が未熟で航路も危険なので、遭難が多かった。

【　　の解答】　ア航海　イ航路　ウ遭難　エ政治　オ文化　カ勢い

# ❸意味・内容 を説明する問題 の場合

社会科で学んだ用語・できごとなどの「意味」や「内容」を説明する記述は、理解の確かさの差が出やすい問題だといえます。ことばだけを丸暗記していたり、理解があいまいな状態だったりすると、的確に意味を説明することができません。問題文は短いものが多く、一見易しく見えますが、文章や図表など手がかりになる資料がないぶん、自分の理解の確かさだけがたよりだという難しい面もあります。説明を求められるのは、日ごろあたりまえに使っている社会科用語がほとんどですが、自分にとってあたりまえになっていることばほど、改めてその意味を説明してみることが大切なのです。

## 例題 5

日本国憲法には 3 つの基本原則の 1 つに国民主権があります。国民主権というとき、主権とはどのような権力のことですか。説明しなさい。 (普連土学園)

### 考える手順

| ❶ | ❷ | ❸ | ❹ |
|---|---|---|---|
| 「答えることは何か」「設問にある条件」を確認する。 | 説明する用語について知っていることを整理する。 | 設問の条件にあった内容になるように考える。 | 問われていることに答えるかたちで、文章にする。 |

### ❶ 「答えることは何か」「設問にある条件」を確認する。

#### 答えることを確認しよう

主権とはどのような権力か。

#### 条件を確認しよう

国民主権というときの意味。

主権ということばにはいくつかの意味があります。この問題では、設問に「国民主権というとき」というただし書きがありますが、これは「主権」には複数の意味があるということに目を向けてほしいというメッセージだと受けとることもできます。

### ❷ 説明する用語について知っていることを整理する。

まず基本的なことがらとして、日本国憲法の三原則について整理します。この問題で問われ

ているのは「国民主権」だけですが、「基本的人権の尊 重」や「平和主義」も中学入試でよく問われるので、３つすべてについて確認しておきましょう。

### 国民主権とは

➡主権とは、国の　ア　のあり方を最終的に決定する権力という意味なので、「国民主権」は「国の　ア　のあり方を最終的に決定する権力が　イ　にあること」です。

### 基本的人権の尊重とは

➡基本的人権とは、人間が　ウ　にして持っている権利のことなので、「基本的人権の尊重」は「人間が　ウ　にして持っている権利を尊重すること」です。日本国憲法第11条では、「尊重する」ことを「侵すことのできない　エ　の権利として、現在および将来の国民に与えられる」と表現しています。

### 平和主義とは

➡日本は二度と戦争をおこさないという決意のもと新しい憲法をつくりました。憲法第9条には平和主義について、大きく次の３つの内容が定められています。

①戦争の　オ　　　　②戦力の　カ　　　　③　キ　の否認

　ちなみに、この問題で問われている「主権」ということばには、次の３つの意味があることも知っておくとよいでしょう。

A 国民主権という場合の主権 ⇒国の政治のあり方を最終的に決定する権力

B 統治権の意味での主権 ⇒国民および領土を統治する国家の権力

C 主権国家という場合の主権 ⇒国家が他国からの干 渉を受けずに独自の意思決定をする権力

❸　設問の条件にあった内容になるように考える。

　「主権」の意味を問われているので、「国民主権」の意味を書いてしまわないよう注意しましょう。

❹　問われていることに答えるかたちで、文章にする。

　設問に「どのような権力のことですか」とあるので、**文末を「〜権力。」と結ぶ**と問われたことに的確に答える解答をつくることができます。

―――――　解 答 例　―――――

その国の政治のあり方を最終的に決定する権力。

✏こんな解答はちょっとざんねん！　　┌── これは「基本的人権」の内容だね！

人間として国民として当然持っている権利。

【□の解答】　ア政治　イ国民　ウ生まれながら　エ永久　オ放棄　カ不保持　キ交戦権

# 記述する内容別の考え方

記述問題の設問形式の定番パターンのひとつに「指定された用語を使って記述する問題」があります。用語は１つのときもありますが、２〜４語の場合が多いです。指定された用語は、考えるうえでのキーワードでもあるので、用語が複数の場合はそれらの関係をとらえることで解答の方向性がみつかります。例題6では、指定された用語を使って、できごとの内容を説明する問題を考えてみましょう。

---

### 例題6

次の４つのことばを使って、第二次世界大戦後の日本の工業の発展と、それとともにおこった問題について説明しなさい。使ったことばの下に＿＿＿＿を引くこと。また、ことばはどの順に使ってもかまいません。

| ことば | 朝鮮戦争　　1960年代　　豊か　　環境問題 |
|---|---|

---

考える手順

| ❶ | ❷ | ❸ | ❹ |
|---|---|---|---|
| 「答えることは何か」「設問にある条件」を確認する。 | 指定された４つのことばの意味をそれぞれ考えて整理する。 | ４つのことばをどのように組み合わせて使うのかを決定する。 | 問われていることに答えるかたちで、指定された形式で文章にする。 |

❶　「答えることは何か」「設問にある条件」を確認する。

答えることを確認しよう

　①戦後の日本の工業の発展。　②それとともにおこった問題。

条件を確認しよう

　①指定された４つのことばを使う。　②使ったことばの下に＿＿＿＿を引く。

　長めの記述になると、考えているうちに「何を答えたらいいのか」があいまいになりがちです。**最初に「答えることは何か」をしっかり頭に入れておきましょう。**

❷　指定された４つのことばの意味をそれぞれ考えて整理する。

　まず、４つのことばがどのような意味を持っているかを考えてみましょう。この問題では、

A　第二次世界大戦後の日本の工業の発展　　　（「発展」→良い点）

B　それとともにおこった問題　　　　　　　　（「問題」→悪い点）

の2つを説明することが求められています。A・Bにからめて、4つのことばにはそれぞれどのような意味があるかを書き出してみます。

| 朝鮮戦争 | ➡ | ・1950年に始まった南北朝鮮の戦争。 |

・日本は大韓民国に味方した国連軍（アメリカ軍）から物資の注文が来て、工業が再び発展するきっかけをつかんだ。これを［　ア　］景気という。

| 1960年代 | ➡ | ・［　イ　］経済成長期。 |

・［　ウ　］の所得倍増計画により、工業が大きく発展した時期。

| 豊か | ➡ | 日本が経済大国とよばれるような豊かな国になったこと。 |

| 環境問題 | ➡ | 環境よりも産業を優先した結果、四大［　エ　］病などの問題が発生。 |

❸　4つのことばをどのように組み合わせて使うのかを決定する。

❷で書き出したことをもとに考えると、

「朝鮮戦争」「1960年代」「豊か」は、A　第二次世界大戦後の日本の工業の発展に関連している。

「環境問題」は、B　それとともにおこった問題に関連して使えそうです。

❹　問われていることに答えるかたちで、指定された形式で文章にする。

ことばはそのままの表記で使います。漢字のことばをひらがなに変えたり、送りがなを変えたりしてはいけません。使ったことばに下線を引くことも忘れないようにします。

**解答例**

第二次世界大戦後の日本は、1950年におこった<u>朝鮮戦争</u>をきっかけに再び工業が発展し、<u>1960年代</u>には、工業がたいへんな勢いで発展する高度経済成長期をむかえた。その結果、日本は経済的に<u>豊か</u>になったが、産業ばかりを優先したために、公害などの<u>環境問題</u>がおきてしまった。

**こんな解答はちょっとざんねん！**　「朝鮮戦争」がぬけている！　主語と述語がつながらない！

日本の工業は、1960年代に、たいへんな勢いで発展し高度経済成長期をむかえるほど豊かになった。その半面で、産業ばかりを優先したために、環境問題がおきてしまった。

その当時の「環境問題」の具体例がほしい！

【□の解答】ア特需　イ高度　ウ池田勇人　エ公害

19

# ④意見・考え を書く問題 の場合

自分の意見や考えを記述する問題は、近年すこしずつ増加しています。最も大きなポイントは、今まで学んだ知識や読み取ったことがらに加えて、「自分自身の考え」を表現しなくてはならないということです。自分の考えを表現するということは、受験生一人ひとりの解答がちがうものになるということでもありますが、自由作文ではないので何を書いてもいいというわけではありません。使うべき資料や用語、字数指定などの条件をふまえたうえで、そこに自分の意見や考えをのせて表現するのです。

## 例題⑦

現在、日本政府は、経済（けいざい）の活性化をねらって観光に力を入れています。観光は、日本を訪（おとず）れた外国人旅行者に自分の国のことを知ってもらう機会となります。また、私（わたし）たちが外国から見た自分の国がどういう国であるのかを知り、自分の国への理解を深めることもできます。

このような観光の効果を考えたとき、あなたは日本を訪れた外国人旅行者をどこへ案内しますか。その理由もあわせて説明しなさい。

(立教池袋)

### 考える手順

**❶** 「答えることは何か」「設問にある条件」を確認（かくにん）する。

**❷** 設問文や資料から読み取って、書く内容の方向性をつかむ。

**❸** 読み取ったことに対して、自分の意見と、その意見を持った理由を書き出す。

**❹** 問われていることに答えるかたちで、自分の意見とその理由を文章にまとめる。

**❶ 「答えることは何か」「設問にある条件」を確認する。**

**答えることを確認しよう**

①外国人旅行者を案内する場所。　②その理由。

**条件を確認しよう**

①問題文にある「観光の効果」をふまえて説明する。　②理由を明らかにして説明する。

答えることは、「どこへ案内するか」と「その理由」。**この２つが矛盾（むじゅん）せずにつながっていること**が重要です。また、設問文に「このような観光の効果を考えたとき」とあるので、「理由」

は「**このような観光の効果**」をふまえていることが条件になります。

❷　設問文や資料から読み取って、書く内容の方向性をつかむ。

まずは、「このような観光の効果」とは何かを整理します。

| 効果　１つめ | 観光は、［　ア　］に日本のことを知ってもらう機会となる。 |

| 効果　２つめ | 観光は、外国から見た日本がどういう国かを知り、自分の国への［　イ　］を深めることができる。 |

| 外国人旅行者を案内する場所 |

＝「**日本を知ってもらう**」と同時に「**自分たちの日本への理解が深まる**」ような場所。

自分がこの２つの効果と結びつけて書きやすい場所を選べばよい。

❸　読み取ったことに対して、自分の意見と、その意見を持った理由を書き出す。

　解答例では、日本の伝統的な民家を選んでいます。これは、**外国人旅行者に日本の伝統的な住居のつくりや工夫、くらし方を知ってもらえる**と同時に、**外国人旅行者の反応を通して、日本人も気づいていない日本の文化のよさ**を知ったり発見したりできる場所だからです。

　ほかにも、富士山や日光などの世界遺産になっているような場所、東京や大阪などさまざまな文化やショッピングが楽しめる場所、温泉やスキーが楽しめる山岳地帯など、どこでもかまいません。**大切なのは選んだ場所ではなく、選んだ理由を論理的に説明できるかどうかです。**

❹　問われていることに答えるかたちで、自分の意見とその理由を文章にまとめる。

　問われているのは、外国人旅行者を案内する場所とその理由なので、「**○○に案内する。なぜなら、……だから。**」**というかたち**でまとめると、問われていることからはずれることなく、わかりやすく書くことができます。

**解答例**

> 京都の町家など日本の古くからある民家を案内したいと考える。なぜなら、日本の伝統や文化を感じてもらえると同時に、日本人が気づいていない日本のよさを再発見することにもつながるからである。

こんな解答はちょっとざんねん！　　　　理由が「このような観光の効果」をふまえていない！

> 東京ディズニーランドを案内する。世界のだれでも楽しめる場所だから。

【［　　］の解答】　ア外国人旅行者　イ理解

意見・考えを説明する記述の中には、テーマや方向性は決まっているものの、内容や書き方についての条件が少なく、自分で一から組み立てなければならないものもあります。例題⑧では、そのような問題を考えてみましょう。

## 例題⑧

自然環境(かんきょう)の変化により、動植物の中には、絶滅危惧種(ぜつめつききぐ)に指定されたものがあります。私(わたし)たちが、自然と調和して生きる未来を目指すため、どんなことに取り組めばよいと考えますか。「環境」ということばを入れて、50字以内で書きなさい。　(大宮開成)

### 考える手順

❶「答えることは何か」「設問にある条件」を確認(かくにん)する。

❷ 設問文や資料から読み取って、書く内容の方向性をつかむ。

❸ 指定されたことばをどのように使うのかを考えながら、自分の考えをまとめる。

❹ 問われていることに答えるかたちで、指定された字数内で文章にする。

## ❶ 「答えることは何か」「設問にある条件」を確認する。

### 答えることを確認しよう

自然と調和して生きる未来を目指すための取り組み。

### 条件を確認しよう

①「環境」ということばを使う。　②50字以内で説明する。

**「自然と調和して生きる未来を目指すため」** という部分をどう解釈(かいしゃく)するかがポイントになります。**「環境」** ということばが指定されていますが、設問文に **「自然環境の変化により」** と出ていることにも注目しましょう。

## ❷ 設問文や資料から読み取って、書く内容の方向性をつかむ。

設問文の中に、

「自然環境の変化により、動植物の中には、絶滅危惧種に指定されたものがあります」

「自然と調和して生きる未来を目指すため」

とあるので、単に環境について好き勝手に意見を書くのではなく、以下の方向性をふまえることが必要だとわかります。

方向性　その1 ➡ 自然環境・動植物・　ア　危惧種に関連したことがらを書く。

| 方向性　その2 | ➡ 自然と調和して生きる未来に向けた［　イ　］を書く。

**❸　指定されたことばをどのように使うのかを考えながら、自分の考えをまとめる。**

指定された「環境」ということばは、設問文中の「自然環境の変化により」の部分に出ています。

| 自然環境の変化 | によって | 動植物の中には、絶滅危惧種に指定されたものがある |

ですから、「**動植物を守るために取り組めること**」「**絶滅危惧種をこれ以上増やさないために取り組めること**」などを、考えます。

また、「環境」は、次のような使い方が考えられます。A・Bどちらでもよいでしょう。

**A** | 人間のおこなってきたマイナスの視点で使う |

　　　…「環境を破壊する」「環境をつくりかえる」

**B** | 今後の取り組みの方向をしめす視点で使う |

　　　…「環境を守る」「環境を維持する」

**❹　問われていることに答えるかたちで、指定された字数内で文章にする。**

字数が50字しかないので、「取り組み」のくわしい具体例を入れるのは難しいでしょう。

**指定された用語（ことば）は、そのままの表記で使います**。漢字のことばをひらがなに変えたり、送りがなを変えたりしてはいけません。

設問文に「どんなことに取り組めばよいと考えますか」とあるので、**文末を「〜こと。」と結ぶ**と問われたことに的確に答える解答をつくることができます。

**解答例1**

人間本位の開発や資源のみだりな利用をやめ、絶滅危惧種がこれ以上増えない環境をつくり出すこと。（46字）

**解答例2**

種の多様性を守るために、人間の都合で環境を破壊したり、つくりかえたりすることのないようにすること。（49字）

**こんな解答はちょっとざんねん！**　　　字数オーバー！

絶滅しそうな動植物を守り、人間と動植物がともに生きる社会をつくるためには、紙のむだづかいをやめて森林を保護することなどが必要だ。

「環境」ということばが入ってないよ！

【［　］の解答】　ア絶滅　イ取り組み

## 記述式問題の部分点はどうなってるの？

　記述・論述式の問題の場合、書くべきことはなんとなくわかるのだけれど、書こうとしている内容で本当にあっているのか自信が持てないことがあります。また、100字以上の長い文章記述を求められる場合などは、書き出しの文がなかなか思いつかずに時間ばかりがすぎてしまう、ということもあるようです。

　そんなとき、中学受験生のみなさんに思い出してもらいたいのが、次のアンケート結果です。このアンケートは、中学受験情報誌『進学レーダー』（みくに出版刊）が、首都圏を中心とする約140校の私立中学の社会科の先生方に、記述・論述式の問題について聞いたものです。これを見ると記述・論述式の問題がいかにあたりまえのものになってきているかということがわかります。そして、なんといっても注目したいのが、部分点の設定をしている中学校が8割以上もあるということです。

## Q. 用語や理由の説明など記述問題は出題した？部分点はある？

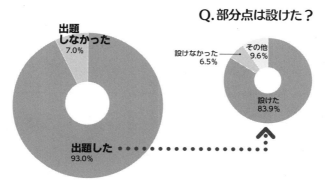

（『進学レーダー』2022年入試　採点基準アンケート（2022年8月実施）より）

　部分点を設定しているということは、あなたの記述内容が「カンペキ」でなくても、見どころのある「部分」に対して点数をもらえる可能性があるということ。自信がないからといって空らんのまま提出してしまうのはもったいないし、目指す中学校の先生に「合格したい」という思いを伝えることもできません。

　多くの中学校の先生方が記述・論述式の問題を出しているのは、あなたの文章の中から「可能性」を見出したいから。
　さあ、カンペキでなくてもいいとわかったら、さっそく書き出してみましょう！

# 第2部

# 演習問題

注：
- 中学入試でよく出題されるタイプの問題を、実際の入試問題の中から選んでいます。
  ただし、ほとんどの問題は大設問の中から一部分を抜き出したものであり、効果的
  な学習ができる問題にするため、大設問の他の部分から必要な要素を取り込むなど
  の調整をしています。
- マス目のない解答らんは、おおむね1行あたり15〜25字の目安で設けています。

# ① 国土・地形・気候

**1** 日本は海に囲まれた島国です。次の図を見て他国と比較したときの日本の国土の特徴を説明しなさい。

(横浜創英) 解答例 2ページ

アメリカ合衆国
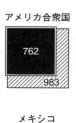
762
983

オーストラリア

701
762

カナダ

470
998

ブラジル

317
852

メキシコ

196
285

インドネシア

191
541

日本

38
447

■ 排他的経済水域の面積
▨ 国土領土面積

(注) 排他的経済水域には領域をふくむ。

---

**2** 右の図は信濃川と利根川の月別流量のグラフです。2つを比べて、次のそれぞれについて簡潔に説明しなさい。

① 信濃川が4月に多い理由
② 利根川が9月に多い理由

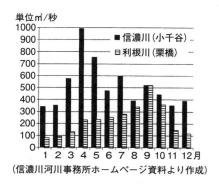
単位㎥/秒
■ 信濃川(小千谷)
□ 利根川(栗橋)
(信濃川河川事務所ホームページ資料より作成)

(逗子開成) 解答例 2ページ

①

②

---

**3** 東北地方の三陸海岸は、どのようにしてできた地形ですか。簡単に説明しなさい。

(清泉女学院) 解答例 3ページ

記述問題の書き方　演習問題　考え方と解答例

**4** 干拓はふつう、どのような方法で行われますか。説明しなさい。

（フェリス女学院）　解答例 3ページ

**5** 右のグラフのように、冬になると山間部を中心に日本海側では降雪量が多くなります。その理由を説明しなさい。

解答例 4ページ

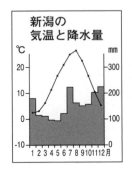

新潟の
気温と降水量

**6** 北海道の根釧台地や東北地方の太平洋側において、夏に低温になりやすい原因を説明しなさい。

解答例 4ページ

**7** 集中豪雨によるおもな被害には九州南部と東京都心ではちがいが見られます。それぞれどのような特徴がありますか。その原因にもふれながら、次の2つの語句を用いて説明しなさい。

〈語句〉　地盤　　都市型水害

（市川）　解答例 5ページ

（九州南部）

（東京都心）

# ② 日本の農水産業

**1** 日本人の食生活の変化は、日本の稲作にどのような影響をあたえましたか。説明しなさい。

(穎明館) **解答例** 5ページ

**2** 促成栽培とはどのような栽培方法ですか。

**解答例** 6ページ

**3** 兼業農家とはどんな農家のことですか。簡単に説明しなさい。

**解答例** 6ページ

**4** 規格外の野菜や果物とは形や大きさがふぞろいだったり、キズがついているという理由のため販売されない物をさします。もし、天候などの自然環境が原因で大量の規格外のトマトが生み出された場合、それらのトマトを売るために、あなたならどうしますか。具体例をあげて説明しなさい。

(西武学園文理) **解答例** 7ページ

**5** 「栽培漁業」について説明した次の文の[＿＿＿＿]にあてはまることばを、45字以内で書きなさい。

「『栽培漁業』とは、[＿＿＿＿]漁業である。」

(専修大学松戸) **解答例** 7ページ

**6** 日本では、九州地方の西側から中国地方の日本海側にかけての地域と、東北地方から北海道にかけての太平洋側の地域で水あげ量が多くなっています。この2つの地域で、なぜ水あげ量が多いのか、右の地図を参考にして日本海側と太平洋側のそれぞれの理由を説明しなさい。

(東京学芸大学附属世田谷) 解答例 **7**ページ

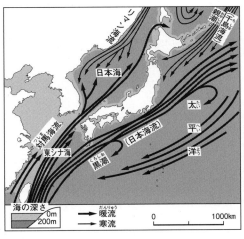

海の深さ
0m
200m
暖流
寒流
0　　1000km

(日本海側)

(太平洋側)

**7** 日本は戦後、外国の料理のしかたなどがとり入れられたので、食生活が豊かで質のよいものに変わってきました。そのため食料品の種類も多くなり、輸入にたよる割合も増えてきています。食料を輸入にたよることからおこる心配を2つ答えなさい。

解答例 **8**ページ

**8** いま全国で、豊かな森を復活させようと、山に木を植える漁師さんたちが増えてきています。「森は海の恋人」ともいわれますが、漁師さんたちは、なぜ、「漁業にとって豊かな森が必要だ」と考えているのですか。「プランクトン」という語句を使って、簡単に説明しなさい。

(湘南学園) 解答例 **9**ページ

**9** 日本はＴＰＰ（環太平洋パートナーシップ協定）の交渉に参加し、2016年にはその内容に合意し署名しました。この合意について心配されていることを、農業の視点から説明しなさい。

解答例 9ページ

**10** 自給率をこれから少しでも上げるためには、食生活を変えていく必要があるという考えがありますが、どのようにすればこれを上げることができると思いますか。あなたの考えを書きなさい。

（清泉女学院）解答例 10ページ

**11** 宅地開発が急速に進んだ千葉県市川市では、水田の急激な減少により台風による大洪水が引きおこされる結果となりました。このことから、水田にはどんなはたらきがあることがわかりますか。簡単に説明しなさい。

（森村学園）解答例 11ページ

**12** 1970年代後半から、遠洋漁業の漁かく量が減ったのはなぜですか。1970年代におこったできごとを考え、２つの理由を説明しなさい。

解答例 11ページ

**13** 熊本県、宮崎県、鹿児島県をふくむ地域では、独自の基準を設け、工夫してブランド化した食肉を売り出しています。なぜブランド化するのかを考え、「輸入」という言葉を使って説明しなさい。

（雙葉）解答例 12ページ

**14** しんじ君は自由研究として、右の図のような東京市場に入荷されるきゅうりの産地とその量と割合の月別グラフをつくりました。これをよく見て、年間の変化の特色と、以前は比較的近いところに限られた産地が、なぜ現在は右のグラフのような特色を持つようになったのか、140字以上180字以内で説明しなさい。

(芝)  解答例 12ページ

**東京市場に入荷されるきゅうりの産地とその量と割合**

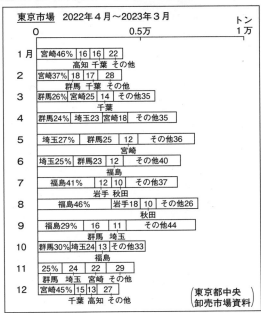

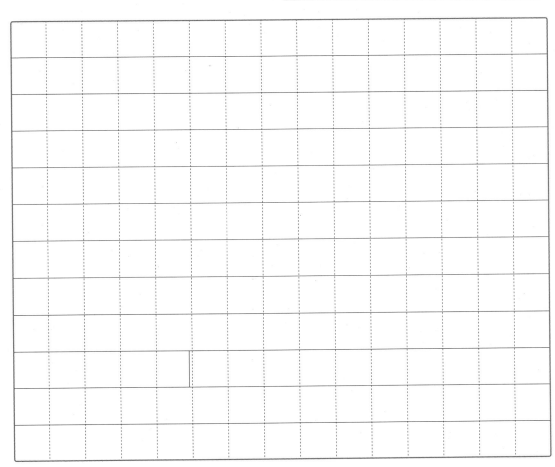

# ❸ 日本の工業

**1** 東北地方で、ＩＣなどの工場が多くあるのはどのような地域ですか。簡単に説明しなさい。

（湘南学園） 解答例 13ページ

**2** 右の図は、製鉄所のあるところを示しています。これを見て、製鉄所はどのような場所にできているか、共通する立地条件を2つ以上あげて説明しなさい。

（神戸女学院・横浜雙葉） 解答例 14ページ

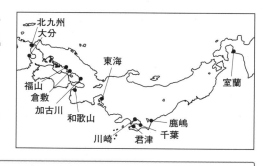

**3** 静岡県富士市は、ある理由から製紙工業がさかんです。ある理由とは何か答えなさい。

（暁星国際） 解答例 14ページ

**4** 日本の自動車組み立て工場は、日本から海外に工場を移すようになってきました。これによって日本国内にはどのような影響があらわれるか、書きなさい。

（捜真女学校） 解答例 15ページ

記述問題の書き方

演習問題

考え方と解答例

**5** 東京都の主要工業のひとつに印刷業があります。東京都において印刷業がさかんな
理由を答えなさい。　　　　　　　　　　　　　　　　（晃華学園）　解答例 15ページ

**6** 石川県では、輪島塗などの伝統工芸品の生産がさかんです。伝統工芸品の生産は、農
家の副業として発展しました。この地域で農家がさかんに副業を行ってきた理由を、
気候の特徴に着目して説明しなさい。　　　　　（明治大学付属中野）　解答例 16ページ

**7** 北九州工業地帯は四大工業地帯のひとつですが、生産額はのびなやみ、現在では全
国の工業生産高にしめる割合は低くなっています。なぜのびなやんだのでしょうか。
考えられる理由を２つ答えなさい。　　　　　　（鎌倉学園・清泉女学院）　解答例 16ページ

**8** 日本の工業の中心が自動車や電化製品、コンピュータなど高度な組み立て型工業に
移ると、工業地域の分布に変化が見られ、関東内陸や北陸など、内陸部や太平洋ベ
ルトから遠くはなれた地域にも工業のさかんなところが増えました。これには、ど
のような理由があげられますか。簡単に答えなさい。　　　　　（高田）　解答例 17ページ

# ④ 資源と環境

**1** 2011年3月11日におきた「東日本大震災」で被災した福島第一原子力発電所の事故以来、行政の原子力エネルギー政策の見直しを求める声もあります。これまで行政が主張してきた原子力エネルギーの環境面での利点は、どのようなものでしたか。解答らんにあてはまるような内容の文を考えて、答えなさい。(海城) **解答例** 18ページ

原子力発電は

　　　　　　　　　　　　　　　　　　　　　　　　を出さない。

**2** 2020年10月当時の菅総理大臣は所信表明演説で、2050年までにカーボンニュートラルの実現を目指すと発表しました。カーボンニュートラルとは、二酸化炭素の排出をどのような状態にする考えのことでしょうか。「排出量」「吸収量」の2つの言葉を必ず使用して説明しなさい。 (頌栄女子学院) **解答例** 18ページ

**3** 日本には、自然遺産と文化遺産を合わせて25件以上の世界遺産があります。一般的に、世界遺産に登録されることでどのような利点(メリット)があると考えられますか。代表的なものを1つ説明しなさい。 (東京女学館・洛星) **解答例** 19ページ

**4** 森林は私たちの生活にたいへん役に立っています。材木や紙の原料として役に立つほかに、森林はどのように役立っていますか。 (穎明館・鹿児島) **解答例** 19ページ

**5** エネルギー革命とは何ですか。簡単に説明しなさい。

(鎌倉女学院)　解答例 20ページ

**6** 日本では1960年代に公害の発生が集中しています。これはどのような理由からでしょうか。「工業の発展」と「環境保護」の２つのことばを用いて説明しなさい。

(サレジオ学院)　解答例 20ページ

**7** 自動車の使用は、地球環境全体に大きな影響をあたえているといわれます。それはどのような原因で生じた、どのような被害ですか。２つ例をあげて、その原因と被害について書きなさい。

(麻布)　解答例 21ページ

**8** 深刻化するゴミ問題に対し、わが国では2000年ごろから「３Ｒ」、すなわち「リデュース、リユース、リサイクル」という優先順位でゴミの削減に努めようという考え方が進められていきました。このうち、リデュースとはどのようなことなのか簡単に説明しなさい。

(法政大学)　解答例 22ページ

**9** ゴミ問題の解決に向けて、リサイクル・リデュース・リユースの３Ｒの考えをもとにした循環型の社会が求められています。最近では、３Ｒに『断る』という意味のリフューズを加えた４Ｒといわれることもあります。買い物をするときの「リフューズ」にあたる具体的な行動を１つ答えなさい。

(高田)　解答例 22ページ

**10** 次のグラフは、おもな国の金・銀の埋蔵量や蓄積量を示しています。グラフを見ると、日本は金や銀を多く保有していると考えられます。これは、都市に存在している金・銀をふくめているからです。どのようにして、都市から金や銀を手に入れることができるのですか。

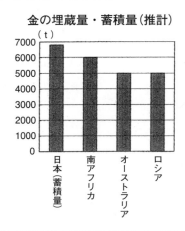

金の埋蔵量・蓄積量（推計）

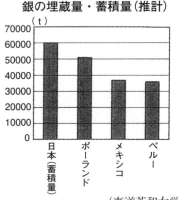

銀の埋蔵量・蓄積量（推計）

(NIMS ホームページより)

(東洋英和女学院) 解答例 22ページ

**11** ブラジルやアメリカ合衆国では、穀物から作られたアルコールとガソリンをまぜた燃料を使用する自動車が利用されています。このように農産物から作られた燃料の利用が多くなると、新たな問題が心配されています。それはどのようなことですか。簡単に答えなさい。

(高田) 解答例 23ページ

**12** 横浜港には食料品が船で海外から運ばれてきています。このことに関して、（食料の重さ）×（輸送きょり）で表される「フードマイレージ」ということばがあります。この「フードマイレージ」の数値が大きい場合、どのようなことがわかりますか。以下の2語を用いて説明しなさい。

【　燃料　　二酸化炭素のはい出　】

(海星) 解答例 23ページ

**13** 東京の気温は1950年代以降、急激に上昇しています。これはヒートアイランド化が進んでいったためと考えられています。東京でヒートアイランド化が進んでいった原因として、どのようなことが考えられますか。　　　　　　（武蔵）　解答例 24ページ

**14** 信一さんは、地球温暖化について調べたレポートで、地球温暖化を解決するためにわたしたちが家庭でできる具体的な方法について、次の【表】を使って説明することにしました。どのように説明したらよいですか。解答らんに合うように説明しなさい。

**【表】家庭から排出される二酸化炭素の用途別内訳**
（世帯当たり）

| 用　途 | 割合 |
|---|---|
| 照明・家電製品などから（暖房・冷房を除く） | 32.4% |
| 自動車から | 22.7% |
| 暖房から | 15.9% |
| 給湯から | 15.0% |
| そ の 他 | 14.0% |

（JCCCAホームページより作成）

（広島女学院）　解答例 25ページ

表から

ということが読み取れるので、

するのがよいと言える。

# 5 人口と国民生活

**1** 人口密度とは何ですか。簡単に説明しなさい。

（清泉女学院）　解答例 25ページ

**2** ある推計によれば、2060年の日本の人口は9000万人になる、といわれています。このような人口減少について、あなたは「望ましい」と思いますか。それとも「望ましくない」と思いますか。どちらか一方を選び、その理由も述べなさい。

（光塩女子学院）　解答例 26ページ

望ましい・望ましくない

**3** 国際連合が2022年に世界の人口が80億人を突破したと発表しました。現在、人口は1年で約8000万人増えている状況とのことです。

資料1・資料2を見て今後世界の人びとはどのような問題に直面すると考えられるか、資料から読み取れることをふまえつつ40字以内で答えなさい。（句読点は字数にふくみません）

### 資料1　世界の人口変化

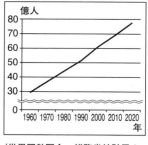

億人

### 資料2　世界の耕地面積の変化

億ヘクタール

＊耕地面積：農作物を育てるために利用している土地の面積。

（世界国勢図会・総務省統計局ホームページを参照）

（椙山女学園）　解答例 27ページ

**4** 人口減少が進む日本において、近年、「関係人口」が地域再生の議論の際に注目されています。「関係人口」とは、直接と間接とにかかわらず、日常生活圏や通勤・通学圏以外の特定の地域(ちいき)と、多様にかかわりを持つ人口のことで、「関係人口」の存在が地域の活性化につながると期待されています。
「関係人口」は、日常的に生活をする定住人口や、観光のように短期的に地域を訪(おとず)れる交流人口、また単なる帰省とは区別して使用されています。この「関係人口」について、次の各問いに答えなさい。

(開智) 解答例 27ページ

Ⅰ 「関係人口」としてかかわる人々の具体的な活動例を、1つ考えて答えなさい。

Ⅱ なぜ、地域の活性化のために「関係人口」が注目されているのか、地域住民がかかえる課題をふまえつつ、その理由を考えて答えなさい。

**5** 私(わたし)たちの社会には、さまざまな情報があふれています。受け手の私たちが情報を選ぶことが重要です。次の広告にはどのような問題があるのか、35字以内で答えなさい。

─ 広告文 ─
円高はこれ以上進まない。絶対儲(もう)かる外国債(さい)を、今すぐ購入(こうにゅう)しましょう！
〇〇証券

(渋谷教育学園渋谷) 解答例 28ページ

**6** 現在、経済産業省などが中心となって貨幣の使用からキャッシュレス化への転換が進められています。キャッシュレス化にはメリットとデメリットがいくつか指摘されています。消費者にとってのデメリットを１つ答えなさい。

（かえつ有明）　解答例 28ページ

---

**7**　右の図はピクトグラムとよばれるものです。ピクトグラムは不特定多数の人が利用する施設で使用されることが多いのが特徴です。

　このピクトグラムが日本で使用されるようになったのは、東京オリンピックでの競技表示からといわれています。図２は水泳のマークですが、何を表しているかすぐにわかりますね。

　図３は、「避難誘導指示灯」のマークです。このマークが生まれたきっかけはデパートにおける大規模な火災事件でした。非常口はあったのですが、漢字で「非常口」と書かれていただけでした。その後、日本人の太田幸夫さんによってデザインがなされ、1982年に日本で非常口サインとして制定されました。その後、1987年国際規格であるＩＳＯに組み込まれ、国際標準のサインとなりました。日本人がつくったピクトグラムが世界でも共通で利用されているのです。

図1

図2

図3

〈問題〉

ピクトグラムはなぜ日本だけでなく、世界で普及したのでしょうか。上記の文章、とくにオリンピックとデパートの例を参考に、その理由を書きなさい。その際、だれにとって、どのような点が役立つのかを明確にしたうえで、答えなさい。

（広尾学園）　解答例 29ページ

記述問題の書き方

演習問題

考え方と解答例

**8** 1960年から1970年にかけてわが国の経済が急速に大きくなったこの時期にテレビ・電気冷蔵庫・電気洗濯機などの耐久消費財が私たちの生活に普及していったのはなぜでしょうか。その理由を2つの点から説明しなさい。　（横浜雙葉）　解答例 29ページ

**9** インターネットの普及によって、現在ではお店に足を運ばなくてもインターネットで商品を注文し、自宅まで届けてもらうこともできるようになりました。インターネットによる通信販売（ネット通販）だけで実際には店舗を持たない業種が拡大しており、また、従来の小売店の中にもこのネット通販と宅配サービ

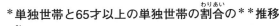

＊単独世帯と65才以上の単独世帯の割合の＊＊推移

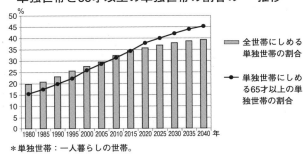

■ 全世帯にしめる単独世帯の割合

● 単独世帯にしめる65才以上の単独世帯の割合

＊単独世帯：一人暮らしの世帯。
＊＊2020年以降は予測値。

（「高齢社会白書」「日本の世帯数の将来推計」より作成）

図

スを導入する例が増えています。今後、人口や小売店のあり方が変化していく中で、ネット通販や宅配サービスが一定の役割を果たすことも考えられます。

　今後、人口や小売店のあり方が変化していく中で、ネット通販や宅配サービスはどのような役割を果たしていくと考えられますか。問題文と図を参考にして、80字以内で答えなさい。
　　　　　　　　　　　　　　　　　　　（聖光学院・改題）　解答例 30ページ

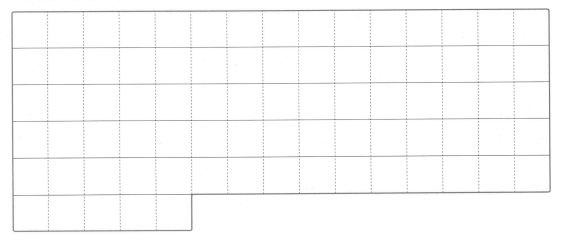

41

# 6 貿易と交通

**1** 一般に飛行機によって輸送される工業製品にはどのような特色がありますか。具体的な工業製品の例を1つあげて、説明しなさい。　（慶應義塾普通部）　**解答例** 31ページ

**2** 成田国際空港は、別名「成田漁港」ともよばれています。その理由を以下の語句を使用して簡潔に説明しなさい。なお、2つの語句には下線を引きなさい。

| 短時間　　新鮮な |
| --- |

（日本大学藤沢）　**解答例** 31ページ

**3** 次の表は日本車の生産台数と輸出台数についてまとめたものです。これを参考にして、貿易摩擦を解決するためにとられた日本の自動車会社の工夫について説明しなさい。

### 「日本車の生産台数と輸出台数」

(単位　万台)

| | 1970年 | 1980年 | 1990年 | 2000年 | 2010年 | 2020年 |
| --- | --- | --- | --- | --- | --- | --- |
| 日本で生産した自動車の台数 | 530.3 | 1104.3 | 1348.7 | 1014.1 | 962.9 | 806.8 |
| アメリカで生産した日本車の台数 | … | … | 129.9 | 248.1 | 265.3 | 271.6 |
| 日本からアメリカへ輸出した自動車の台数 | 32.4 | 240.8 | 223.7 | 166.9 | 153.1 | 138.5 |

（「日本国勢図会」「日本自動車工業会」資料より作成）

（自修館）　**解答例** 32ページ

**4** 関西国際空港のように、人工島に空港をつくる利点を2つあげなさい。

（鷗友学園女子）　**解答例** 33ページ

**5** 外国為替相場とは自国の通貨と外国の通貨との交換比率のことです。「円が高くなった」ということは外国の通貨に対して、円の値打ちが高くなった、ということを意味します。たとえば、1ドル＝110円だったのが、1ドル＝100円になる、といった場合に「円高になった」といわれるのです。

　円高が日本の貿易に対してあたえる、(1)良い影響、(2)悪い影響、についてそれぞれ10字以内で説明しなさい。　　　　　　　　　　（学習院女子）　解答例 33ページ

(1)

(2)

**6** 日本の工業の多くは原料を輸入し、製品を輸出する加工工業です。そして原料や製品を輸出する場合、その取り引きは一般にドルで行っています。このことを考え、円高が進むとどのような工業にどのような影響があらわれますか。簡潔に説明しなさい。　　　　　　　　　　（神戸女学院・駒場東邦）　解答例 34ページ

**7** 近年、貨物輸送において鉄道の利用が見直されています。以下の資料に即して、鉄道貨物輸送の利点を**75字以内**で説明しなさい。　（渋谷教育学園渋谷）　解答例 34ページ

SDGsの目標の一部

43

# 7 政治・法制史

**1** 聖徳太子の新しい国づくりについて、「十七条の憲法」という史料には「和を以て貴しと為し、さからうこと無きを宗とせよ」などと書かれています。「十七条の憲法」がどのような目的でつくられたのか、簡単に説明しなさい。 解答例 35ページ

**2** 平安時代、藤原氏は摂政や関白の位につき、都で一番の勢力をほこるようになりました。そのような位につくことができた理由を書きなさい。 解答例 35ページ

**3** 寝殿造の屋敷に暮らす貴族たちは和歌や音楽を楽しんだりして、はなやかな生活をしていました。こうした生活を支える費用はどのようにして得たのでしょうか。2つ答えなさい。 (駒場東邦) 解答例 36ページ

**4** 鎌倉幕府は平氏がほろびた後、1185年にすでに成立したともいわれますが、それはどういうことによりますか。25字以内で答えなさい。 (開成) 解答例 37ページ

**5** 刀狩令の本当の目的を次の史料の[　　]にあてはまるように15字以内で書きなさい。

> 天下の百姓の刀をすべて集めて、大仏をつくるさいの釘に用いる。これは、この世で皆が戦い争って命をなくすことがないように、また、あの世で皆が救われるための方法であるといって命令が出されたという。だが、その真意は[　　　　]ための計略であるという。

(晃華学園) 解答例 37ページ

（解答欄）

**6** 元禄時代の江戸幕府は、3代将軍家光までのころとは異なる方法で政治を行っていました。それはどのような方法ですか。家光までのころと比べながら説明しなさい。なお、「武力」「儒教」の語句を使用すること。
（市川）　解答例 37ページ

**7** 江戸幕府は、五街道を整備する一方で、大井川などいくつかの川には、橋をかけませんでした。幕府はなぜ、このようにしたのでしょうか。「大名」ということばを使って、簡単に説明しなさい。
（和洋国府台女子）　解答例 38ページ

**8** 明治新政府による廃藩置県によって中央集権国家の形が整いましたが、具体的にはどのようなことが行われましたか。中央集権となったことがわかるように説明しなさい。
（フェリス女学院）　解答例 39ページ

**9** 明治政府の政策で士族たちが強く不満に思った政策2つについて、20〜30字で説明しなさい。
（久留米大学附設）　解答例 39ページ

# ⑧ 社会・経済史

**1** 右の絵は静岡県の登呂遺跡で発見された石包丁という道具です。この石包丁は農具としてどのように使われていましたか。15字以内で説明しなさい。

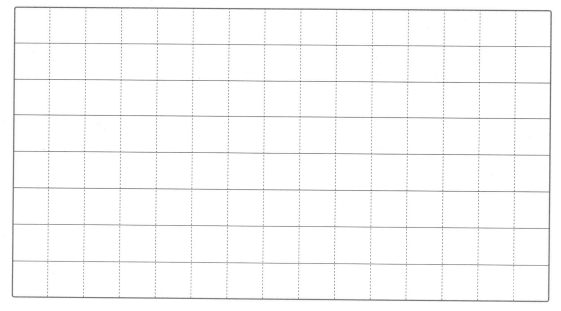

（鹿児島）　**解答例** 40ページ

（解答欄）

**2** 弥生時代に始まった米作りによって、人びとの生活や社会のようすは大きく変化しました。120字以内でどのような変化がおこったかを答えなさい。ただし、句読点も1字に数え、かつ、必ず、「指導者」、「むら」、「くに」、「貧富の差」ということばを使って説明しなさい。

（東京学芸大学附属世田谷）　**解答例** 40ページ

（解答欄）

**3** 大化の改新をきっかけに、全国の土地やそこに住む人びとの支配のしかたが大きく変わりました。それはどういうことですか。20字以内で説明しなさい。

（鎌倉女学院・ラ・サール）　**解答例** 41ページ

（解答欄）

46

**4** 墾田永年私財法を制定した目的とその内容を、30字以上50字以内で説明しなさい。

（江戸川女子） 解答例 41ページ

**5** 元寇をきっかけにして、鎌倉幕府の御家人の生活は急速に苦しくなっていきました。なぜ苦しくなったのか、次の３つの語句を１回ずつ使用して説明しなさい。語句を使用する順番は自由とします。

【 警備　借金　恩賞 】

（市川） 解答例 42ページ

**6** 室町時代になると、寄合・村おきて・一揆などの語が登場してきます。これらの語から、このころの社会にはどんな動きがあったと考えられますか。15字以内で説明しなさい。

（女子学院・白百合学園） 解答例 42ページ

**7** 豊臣秀吉が行った太閤検地は、農民の権利や責任や身分について、どのような影響をあたえましたか。簡単に説明しなさい。

（広島学院） 解答例 43ページ

記述問題の書き方　演習問題　考え方と解答例

**8** 江戸時代には、百姓一揆が多発した時期が何度かありましたが、それぞれの時期に共通する理由を、10字以内で説明しなさい。　(開成・世田谷学園)　解答例 43ページ

| | | | | | | | | | |
|---|---|---|---|---|---|---|---|---|---|
| | | | | | | | | | |

**9** 江戸時代、物資の輸送に水上交通が多く利用された理由を答えなさい。

(麻布)　解答例 44ページ

**10** 江戸時代に使用された農具のうち、備中ぐわ・千歯こき・唐みは、それぞれ何のために使用したものですか。簡単に答えなさい。　(世田谷学園)　解答例 44ページ

| 備中ぐわ | |
|---|---|
| 千歯こき | |
| 唐　　み | |

**11** 江戸時代末期、長い鎖国が終わりやがて貿易が始まりましたが、その直後、日本の経済にはどのような混乱がおきましたか。　解答例 45ページ

**12** 大正時代には、第一次世界大戦をさかいに、日本の海運業が飛躍的にのびました。このときに、日本の海運業が発展した理由を書きなさい。　解答例 45ページ

記述問題の書き方　演習問題　考え方と解答例

**13** 第一次世界大戦中、日本国内の好景気にもかかわらず、ますます生活に困<ruby>こま</ruby>る人もいました。その理由を書きなさい。　　　　　(洛星)　解答例 45ページ

**14** 農地改革<ruby>かいかく</ruby>とはどのような改革でしたか。説明しなさい。

(学習院女子)　解答例 46ページ

**15** 図1は江戸時代の寺子屋での学習風景を、図2は明治時代の学校での学習風景をえがいたものです。2つの図を見くらべて、授業方法がどのように変化したか、説明しなさい。

図1　江戸時代の寺子屋の様子

図2　明治時代の学校の様子

(東京女学館)　解答例 46ページ

# ❾ 外交史

**1** 次の資料は、中国との交流を求めて、607年に聖徳太子が隋へと使いを出した際の、隋の皇帝の反応が記されたものです。

**資料 「隋書」倭国伝（抜粋）**

> 607年、倭の多利思比孤が隋の煬帝に使者をつかわしてきた。・・・持ってきた手紙には、「日出づる処の天子、書を日没する処の天子にいたす。・・・」と書いてあった。これを見て煬帝は、無礼だと怒った。

資料中の下線部について、この国書で聖徳太子は、隋とどのような関係になることを目的としたか答えなさい。

（鈴鹿） 解答例 47ページ

**2** 戦国時代、種子島に鉄砲が伝来しました。この時のようすを記録した『鉄炮記』を読むと、種子島に漂着した「ひとつの大船」は、「中国船」とも「ポルトガル船」とも読み取ることができ、今なお結論が出ていません。あなたはどちらだと考えますか。どこの船かに○をつけ、判断した根拠をしめして説明しなさい。なお、史料文は読みやすいように現代語訳しています。

> 天文十二（1543）年秋八月二十五日、我が種子島の島内の小浦にひとつの大船があらわれた。船客は百人余りいて、その姿は日本人と容貌・風貌が似ておらず、言葉は通じない。その中に、中国の者が一人、名は五峯（倭寇のリーダー）といい、正式な名はわからない者もいた。

（富士見） 解答例 48ページ

| どこの船か | 中国船・ポルトガル船 |
|---|---|

**3** 研究が進むことにより学校の教科書もその内容が変わることがあります。次の1950年と2021年の高等学校の教科書を読んで、どのように変わったのか答えなさい。なお教科書はわかりやすく編集しています。

> **【教科書（1950年）】** 江戸幕府は、オランダと中国を除いて海外との交流を断ち、この二国との貿易を独占した。長崎のみを窓口とし、中国とオランダから世界の情報を得るのみとなり、文化への影響もほとんどなくなってしまった。

> **【教科書（2021年）】** 江戸幕府は、中国船やオランダ船の来航を長崎に限った。こうして幕府が貿易を独占し、海外から文化に与える影響も制限された。ただし、長崎以外の窓口を通して、朝鮮や琉球、アイヌなどの東アジア世界とは交流をもった。

（明治大学付属明治）　解答例 48ページ

**4** 江戸時代末期の1858年に結ばれた条約は不平等なものでした。不平等であった点を2つあげなさい。　解答例 49ページ

**5** 1871年、アメリカ・ヨーロッパに向けて大規模な使節団が出発しました。この岩倉具視らの使節団が派遣された目的は何ですか。　解答例 49ページ

**6** 日本が国際連盟を脱退した理由を述べなさい。

（世田谷学園）　解答例 50ページ

**1** 岩宿遺跡の発見は歴史上重要なことを証明する発見でした。何を証明するものだったのですか。10字以内で答えなさい。　　　　　　　　　　　　　　　（早稲田）　解答例 50ページ

|  |  |  |  |  |  |  |  |  |  |
|---|---|---|---|---|---|---|---|---|---|
|  |  |  |  |  |  |  |  |  |  |

**2** 聖武天皇が大仏をつくろうとした目的を、当時の状況をふまえて説明しなさい。
　　　　　　　　　　　　　　　　　　　　　　　　（品川女子学院）　解答例 51ページ

**3** 東大寺の正倉院には、次の資料のようにさまざまな国の文化の品物が収められています。その理由を「シルクロード」「遣唐使」の語句を使って説明しなさい。

　　　　　　　　　　　　　　　　　　　　　　　　　　　（鈴鹿）　解答例 51ページ

**4** 中国の唐王朝がおとろえ始めると、周辺の民族は、中国の文化をもとにしてそれぞれ独特の文化をつくりました。周辺の民族のひとつである日本について、例をあげながら、どんな特色を持った文化をつくったかを説明しなさい。
　　　　　　　　　　　　　　　　　　　　　　　　（淳心学院）　解答例 52ページ

記述問題の書き方

演習問題

考え方と解答例

**5** 平安時代に紫 式部たちが用いたのはかな文字です。かな文字によって、すぐれた文学作品が数多くつくられたのはなぜですか。　　　　　　　　　　（雙葉）　解答例 53ページ

**6** 織田信長がキリスト教を保護したのは、宣 教師たちがもたらした西洋の文物に興味を持ったことのほかに、どのようなねらいがあったと考えられますか。15字以内で述べなさい。　　　　　　　　　　　　　　　　　（専修大学松戸）　解答例 53ページ

**7** なぜ江戸幕府はキリスト教を禁止したのでしょうか。その理由を答えなさい。
　　　　　　　　　　　　　　　　　　　　　　　　　　（六甲）　解答例 53ページ

**8** 江戸時代の鎖国政策が日本にあたえた影 響について、良かった点・悪かった点をあげて説明しなさい。　　　　　　　　　　　　　　（実践学園）　解答例 54ページ

**9** 前野良 沢やその友人の杉田玄白は、当時の日本人の中でもすぐれた医学の知識を持っていました。彼らがすぐれた医学の知識を持っていた理由を、情報源の観点から30字以内で説明しなさい。　　　　　　　　　　　　　　（開智）　解答例 54ページ

## 11 日本国憲法と基本的人権

**1** ドイツの憲法のどのような点を参考にして大日本帝国憲法はつくられましたか。

解答例 55ページ

**2** 大日本帝国憲法と現在の憲法では天皇の地位や権限に関して、どのような違いがありますか。解答らんにあてはまるように答えなさい。 （実践女子学園） 解答例 55ページ

| 大日本帝国憲法では |
| --- |
| |
| 日本国憲法では |
| |

**3** 日本国憲法では、平和を実現するために、どのようなことを定めていますか。第9条のおもな内容を2つ、それぞれ10字以内で書きなさい。 解答例 56ページ

**4** 日本国憲法は、世界のどの国にも見られない徹底した平和主義をかかげています。日本が平和主義をかかげている理由を、憲法に書かれていることをもとに、説明しなさい。 （フェリス女学院） 解答例 56ページ

54

**5** 近年、「新しい人権として、より良い環境で生活する権利、すなわち『環境権』を保障するべきだ」とする意見が多く出されています。

　このような権利が重要であることはもちろんですが、環境権を保障しようとすると、他の権利を侵害してしまう場合があるのも事実です。たとえば、環境権のひとつである日照権を保障しようとすると、他の人のどのような権利を侵害する可能性がありますか。20字以内で説明しなさい。　（開智）　解答例 57ページ

**6** 憲法で保障されている基本的人権は、制限される場合もあります。それはどのような場合ですか。表現の自由を例にして答えなさい。　（フェリス女学院）　解答例 57ページ

**7** 現在、国会議員の中には、憲法改正の手続きに関する規定をもっとゆるやかなものに改正して、憲法改正の発議をしやすくするべきだ、と主張する人たちがいます。日本国憲法の改正手続きが非常にきびしくなっているのはなぜですか。その理由を書きなさい。　（捜真女学校）　解答例 58ページ

**1** 日本は立法・行政・司法それぞれの機能を独立させ、分担しています。このように役割を分けている理由を「権力・国民」ということばを用いて説明しなさい。

三権分立のしくみ

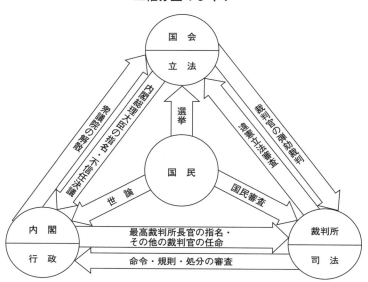

（聖セシリア女子） 解答例 58ページ

**2** 国会・内閣・裁判所の3つの機関の中で、日本国憲法では国会を「国権の最高機関」としています。それはなぜですか。

（芝） 解答例 59ページ

**3** 国会は、衆議院と参議院から構成されます。このようなしくみを二院制といいます。なぜこのようなしくみとなっているのですか。理由を1つ書きなさい。

解答例 59ページ

**4** 衆議院には参議院より強い権限が認められており、このことを衆議院の優越といいます。衆議院の優越が認められているのは、参議院よりも国民の意見を反映しやすいとの考えがあるからです。なぜそのように考えられているのか、理由を答えなさい。

(山手学院) 解答例 60ページ

**5** 小選挙区制の短所について、その選出方法を述べながら、説明しなさい。

(国府台女子学院) 解答例 60ページ

**6** 大正時代には、人びとのあいだに民主主義の考え方がさらに広まり、国民の政治参加を求める普通選挙運動がさかんになりました。そして1925年にようやく選挙法の改正が実現しました。改正の結果、どのような人びとに選挙権があたえられましたか。

解答例 61ページ

**7** 内閣総理大臣はどのようにして選ばれますか。

(清泉女学院) 解答例 61ページ

**8** 裁判で三審制が採用されている理由を説明しなさい。

(世田谷学園) 解答例 62ページ

**9** 裁判官が判決を出すにあたって注意しなければならないことはどんなことですか。2つ短文で答えなさい。

(雙葉) 解答例 62ページ

**10** 2009年に裁判員制度が導入され、裁判員が参加した裁判が多く行われてきました。裁判員が参加する裁判は、すべての事件についてあつかうわけではありません。刑事事件だけをあつかい、民事事件はあつかいません。

国民が刑事裁判に参加することには、たくさんの利点もありますが、この制度が開始されてから問題点も指摘されるようになりました。中でもとくに指摘されているのは、死刑などの判決にかかわることによる心の負担です。では、利点にはどのようなことがあるのでしょうか。説明しなさい。

(学習院女子) 解答例 63ページ

**11** 税は直接税と間接税に分けられますが、間接税とはどのような税ですか。

(実践女子学園) 解答例 63ページ

**12** 日本でも今後、国会議員の選挙において、インターネット投票を実施しようとする動きが見られます。インターネット投票を実施するにあたって考えられる、社会全体に影響を与える問題点に必ずふれ、インターネット投票についてのあなたの考えを書きなさい。

(明治大学付属明治) 解答例 63ページ

**13** 現在の日本の予算の中で、社会保障費としての支出が年々増えており、財源が足りなくなってきている理由を説明しなさい。　　　(星美学園)　解答例 64ページ

**14** 次の日本国憲法第96条の条文の一部を読んで、あとの問いに答えなさい。

> この憲法の改正は、各議院の総議員の３分の２以上の賛成で、国会が、これを発議し、国民に提案してその承認を経なければならない。この承認には、特別の国民投票又は国会の定める選挙の際行われる投票において、その過半数の賛成を必要とする。

[問]　下線について、**グラフ１・２**を見ると、憲法改正について国民の承認が民意を正しく反映するとは限らないとも考えられます。なぜそのように考えることができるのですか、グラフから読み取れることを参考にしたうえで説明しなさい。なお、説明には以下の [**語句**] を使用すること。

[語句]　有権者　投票率　過半数

&lt;グラフ１&gt;
衆議院議員総選挙（大選挙区・中選挙区・小選挙区）における投票率の推移

&lt;グラフ２&gt;
参議院議員通常選挙（地方区・選挙区）における投票率の推移

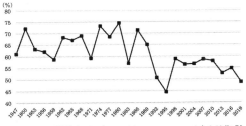

(総務省ＨＰ (https://www.soumu.go.jp) より作成)

(市川)　解答例 65ページ

# 13 日本と世界の結びつき

**1** コロンブスが生まれたころの世界地図を見ると、ある決まった特色があります。それはどんなことですか。「到達」ということばを必ず使って説明しなさい。

（森村学園）　**解答例** 66ページ

**2** 国際連合がつくられた目的を15字以内で書きなさい。

（東明館）　**解答例** 66ページ

**3** 現在、国際連合には193か国が加盟していますが、1945年の発足当時は、51か国でした。つまり、発足してから現在にいたるまで、100か国以上の国が加盟したことになります。このように加盟国が増えたのはなぜだと思いますか。理由を書きなさい。

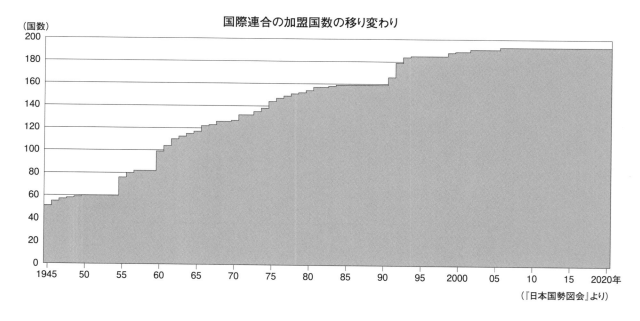

国際連合の加盟国数の移り変わり

（『日本国勢図会』より）

（東洋英和女学院）　**解答例** 67ページ

記述問題の書き方

演習問題

考え方と解答例

**4** ユニセフはどんな仕事をしていますか。解答らんのことばに続けて、15字以内で説明しなさい。

(京都女子) 解答例 67ページ

| 世 | 界 | の | 子 | ど | も | を | 、 | う | え | や | 病 | 気 | ・ | 不 |
|---|---|---|---|---|---|---|---|---|---|---|---|---|---|---|
| 幸 | な | ど | か | ら | 守 | り | 、 | 子 | ど | も | の | | | |
| | | | | | | | | | | | | | | |

**5** 1992年の10月からわが国もカンボジアでPKO（国連平和維持活動）の活動を始めましたが、そこではどんな活動をしていたか簡単に説明しなさい。

(学習院女子) 解答例 68ページ

**6** 冷戦の時代は終わりました。
冷戦が終わったといっても国家間の、民族間の、または宗 教上の対立などによる紛争の火が燃えさかっています。通常兵器による争いが核兵器による戦争へと移行しないという保証はありません。ちょっとしたミスでもとりかえしのつかないような大戦争をひきおこすことにもなりかねません。
「冷戦」とはどのような状態をさしていったものですか。説明しなさい。

(武蔵) 解答例 68ページ

**7** 国際連合の安全保障理事会では拒否権（きょひ）が行使（こうし）されることがあります。拒否権とは何か、説明しなさい。

（鷗友学園女子）　**解答例** 69ページ

**8** 次のきまりに従（したが）って、「大切な日本と開発途上国（とじょうこく）との結びつき」という題の文章をつくりなさい。

〈きまり〉　○青年海外協力隊・技術・人材ということばをかならず使用し、下線を
　　　　　　引いておくこと。
　　　　　　○字数は120字以内、句読点も１字に数える。

（芝）　**解答例** 70ページ

**9** 児童労働とは、家庭内での手伝いやアルバイトなどではなく、子どもが一家の家計を支えるために働くことをさします。問題は、その労働の中で子どもが奴隷的なあつかいを受けて健康を害したり、その労働が子どもの教育を受ける機会をうばってしまうという現実にあります。健康的に過ごし、教育を受けることができる環境を保証するためには、このような現状は改善されなければなりません。最新の統計では、世界の子どもの10人に1人が、上で述べた児童労働をしているといわれています。さて、以下の資料1・2をもとに、児童労働が行われている理由を考えて説明しなさい。

〈資料1〉児童労働に従事する子ども（5〜17歳）の割合

|  | 2020年 |
|---|---|
| 国民の収入が低い国ぐに | 26.2% |
| 国民の収入が低・中間程度の国ぐに | 9.0% |
| 国民の収入が高・中間程度の国ぐに | 4.9% |
| 国民の収入が高い国ぐに | 0.9% |

（国際労働機関「2021年版エグゼクティブ・サマリー：児童労働」より作成）

〈資料2〉

　　児童労働の問題を考える際、子どもを雇う企業などの立場から考えることも重要である。企業が利益を上げるためには、さまざまな面においてできるだけ費用を減らす必要がある。企業の中には、大人よりも子どもを労働力として使ったほうが有利であると考える企業も現実に存在する。

（逗子開成・改題）　**解答例** 71ページ

【資料提供】

正倉院宝物

日刊工業新聞社


【編集協力】

**表紙デザイン**

　長田年伸

**表紙イラスト**

　さかたしげゆき

中学受験用

# 社会科の記述問題の書き方 改訂新版

## 考え方と解答例

※この別冊解答は、取りはずすことができます。

NICHINOKEN BOOKS

# 考え方と解答例

## ① 国土・地形・気候

### 1 ▶ 問題は26ページ

**答えること**　日本の国土の特徴

**考え方**
- 日本と他国について、排他的経済水域の面積と国土領土面積や、国土領土面積に対する排他的経済水域の面積の割合などを確認する。
  - ・日本の排他的経済水域の面積は447、国土領土面積は38で、排他的経済水域は国土領土のおよそ12倍の広さである。
  - ・アメリカ合衆国の排他的経済水域の面積は762、国土領土面積は983で、排他的経済水域は国土領土のおよそ0.8倍の広さであり、国土領土よりもせまい。
  - →日本は国土領土に対して排他的経済水域がとくに大きい国である。
- なぜ、このような特徴になるかを考える。
  - →日本と同様に、排他的経済水域のほうが国土領土より広い国として、問題ではメキシコとインドネシアがしめされている。
  - →メキシコは北アメリカ大陸南部に位置する、半島のように海に長く突き出た形の国である。インドネシアは東南アジアに位置する、多くの島からなる国である。半島のように海に突き出ていたり、多くの島を持っていたりする国であれば、排他的経済水域の面積は大きくなる。日本は、これらの国の中ではインドネシアと似た特徴を持っており、多くの島からなり、離島も多い。

**解答例**
> 日本は多くの島を持ち、離島も多いので、国土領土面積は小さいが、排他的経済水域の面積はとても大きい。

**採点のポイント**　日本の排他的経済水域の面積が、国土領土面積の割に大きいことがわかれば○。その理由として、日本が島国であることにふれられていればなお良い。

### 2 ▶ 問題は26ページ

**答えること**
①信濃川が4月に流量が多い理由
②利根川が9月に流量が多い理由

**条件**　2つの川を比べる

**考え方**
- 4月と9月に、川の流量が増える原因を考えると、
  - 4月：冬に降った雪が、春になって雪どけ水となって流れ出す
  - 9月：台風の上陸が多く、降水量が増える

などが考えられる。

●現象を２つの川と結びつけると、

信濃川：日本海側なので、冬の降雪量が多い

利根川：太平洋側なので、台風の影響を受けやすい

ということが考えられる。

**解答例**

①冬に降った雪が、雪どけ水となって日本海側に流れてくるから。

②台風の影響を受けて、太平洋側では降水量が多くなるから。

**採点のポイント**

①については「雪どけ水」、②については「台風」にふれて説明していれば○。

**3** ▶ 問題は26ページ

**答えること**　三陸海岸の地形のでき方

**考え方**

●三陸海岸は、リアス海岸とよばれる、せまい湾が複雑に入り組んだ地形である。

●リアス海岸は、「海面が上昇する」または「山地がしずむ」ことで、谷にあたる部分が入り江になってできた。

**解答例**

山地が海にしずみこむことによってできた。

**採点のポイント**

「海面が上昇する」または「山地がしずむ」のいずれかにふれて、リアス海岸のでき方が説明できていれば○。

**4** ▶ 問題は27ページ

**答えること**　干拓の方法

**考え方**

●「干」…干す、「拓」…拓く、という意味で、浅い海底などを陸地に変えること。

●「埋め立て」とまちがえやすいので注意する。干拓は浅い海や湖を堤防で閉め切って水を干し上げる方法で、おもに農業用地に利用される。埋め立ては閉め切ったところに土を入れる方法で、おもに工業用地や住宅地に利用される。

**解答例**

浅い海や湖を堤防でしめ切って水を干しあげる。

**採点のポイント**

①堤防を用いる

②水を干し上げる

以上にふれて説明していれば○。

# 考え方と解答例

**5** ▶ 問題は27ページ

**答えること**　冬に日本海側で降雪量(こうせつ)が多い理由

**考え方**　日本海側で雪が降(ふ)るしくみを考える。

①北西から冷たくかわいた季節風がふく

②日本海上空で、暖(あたた)かい対馬(つしま)海流の湿気(しっけ)をふくむ

③中央の山地・山脈にぶつかって上昇(じょうしょう)し冷やされ雪となる

これらを文として組み立てる。

**解答例**

> 冷たくかわいた北西の季節風が、日本海上空で湿気をふくみ、中央の山地・山脈にぶつかって、雪を降らせるから。

**採点のポイント**

①冬の季節風

②日本海の湿気

③山地・山脈にぶつかり上昇

以上にふれて説明していれば○。

**6** ▶ 問題は27ページ

**答えること**　北海道の根釧(こんせん)台地や東北(とうほく)地方の太平洋(たいへいよう)側で、夏に低温になりやすい原因

**考え方**　北の地域(ちいき)で夏に気温が下がる原因としては3つのことがらがあげられる。

①北海道の東部沖(おき)から三陸(さんりく)海岸沖にかけて寒流の千島(ちしま)海流が流れている

②夏にしばしば海霧(かいむ)が発生し、日照時間が短くなる

③オホーツク海高気圧からふき出す、寒冷な北東風（東北地方ではやませとよばれる）

これらを解答らんの大きさに応じて文として組み立てる。

**解答例**

> 沖を寒流が流れていて、この上をわたってくる海霧や冷たい風の影響(えいきょう)を受けるから。

**採点のポイント**

①寒流が流れている

②霧(きり)が発生する

③冷たい北東風（やませ）がふく

以上にふれて説明していれば○。

**7** ▶ 問題は27ページ

**答えること** ①九州南部、②東京都心の集中豪雨による被害の特徴

**条件** ①それぞれの特徴の原因にふれる

②「地盤」「都市型水害」という語句を使う

**考え方** ●九州南部にはシラス台地とよばれる火山灰が降り積もってできた地形が広がり、大雨で水分をふくむとくずれやすいことから、「地盤」という語句を用いて説明ができる。

●東京都心のほうに、「都市型水害」という語句を使うことは推測しやすいだろう。都市部の地表はコンクリートやアスファルトでおおわれ、吸収能力が低い。そのため大雨のときに流れ出た雨水が中小の河川に集中し、短時間であふれやすい。

**解答例**

（九州南部）
火山灰地のため地盤が弱く、大雨が降ると土砂くずれがおきやすい。
（東京都心）
舗装された地面は水を吸収しないので、すぐにあふれて都市型水害がおこる。

**採点の ポイント**

（九州南部）
①火山灰地（またはシラス台地）がくずれやすいことにふれている
②「地盤」という語句を使っている
（東京都心）
①地表が水を吸収しにくく、すぐに水があふれてしまうことにふれている
②「都市型水害」という語句を使っている
以上の条件を満たしていれば○。

# ❷ 日本の農水産業

**1** ▶ 問題は28ページ

**答えること** 日本人の食生活の変化が、日本の稲作にあたえた影響

**考え方** ●日本人の食生活の変化として、次のことが考えられる。

米の消費量が減り、小麦・肉・魚・たまご・乳製品・野菜・くだものなどの消費量が増えた（食生活の洋風化）。

→（影響）米があまるようになり、生産調整や減反政策が行われた。

# 考え方と解答例

●次のことを書いてもよいだろう。

食の好みの多様化・高級化が進んだ。

→（影響）品種改良によって、高品質なブランド米をつくるようになった。

●問われているのは「影響」なので、「食生活の変化」ではなく「稲作が受けた影響」を書くということをわすれないように。

**解答例**

米の消費量が減ってきたため、減反政策が実施<small>(じっし)</small>されてきた。
（味がよく、高く売れる品種の米をつくろうとする農家が増えてきた。）

**採点のポイント**

①米の消費量が減った→生産量を減らす減反などが行われている

②食の好みが多様化・高級化した→質を高める品種改良が行われている

①②のどちらかについて書かれていれば○。

---

**2** ▶ 問題は28ページ

**答えること** 促成栽培<small>(そくせいさいばい)</small>はどのような栽培方法か

**考え方** ●「促」には「促す（うながす）」という意味があり、「促成栽培」は、露地栽<small>(ろじ)</small>培よりも早い時期に収穫<small>(しゅうかく)</small>する栽培方法である。

●収穫時期を早めることについては、次のような説明をつけ加えることも考えられるので、解答らんの大きさによって、説明すべきことを加減する。

①手段<small>(しゅだん)</small> …ビニールハウスなどを用いる

②目的 …時期をずらすことによって（高く）売れる

●文末が「〜方法。」となるように文を組み立てるとよい

**解答例**

ビニールハウスなどを用いて、時期を早めて作物を育てる方法。
（時期をずらして高く売るために、時期を早めて作物を育てる方法。）

**採点のポイント**

ふつうよりも時期を早めた栽培方法であることが書かれていれば○。

---

**3** ▶ 問題は28ページ

**答えること** 兼業農家<small>(けんぎょう)</small>とはどんな農家か

**考え方** 「兼」という字は「かねる・かけもつ」という意味で、「兼業農家」は農業とは別の仕事からも収入<small>(しゅうにゅう)</small>を得ている農家のことである。

**解答例**

農業以外の仕事からも収入を得ている農家のこと。

6

**採点のポイント**　農業以外の仕事もしていることが書かれていれば○。

**4**　▶問題は28ページ

**答えること**　規格外のトマトを売る工夫

**考え方**　形や大きさがふぞろいだったり、キズがついていたりする野菜は、販売されずに廃棄されてしまう。

→形や大きさに左右されずに販売する方法を考える。

**解答例**

トマトジュースやトマトソースにして販売する。

**採点のポイント**　トマトの形や大きさといった、規格外になってしまう原因を取り除いた販売のしかたであれば○。

**5**　▶問題は28ページ

**答えること**　栽培漁業とは何か

**条件**　①□□□□□にあてはまる形にする

②45字以内

**考え方**　●養殖業と栽培漁業について、方法のちがいを整理する。

①養殖業は、魚介類や海藻類を、収穫するまで人の手で育てる漁業のこと。

②栽培漁業は、魚介類を卵からかえしたあと、ある程度まで育ててから海に放流し、大きくしてからとる漁業のこと。

●文字数によゆうがある場合には、栽培漁業は養殖業に比べえさ代が安くすむという利点や、手間のわりに漁かく量が少ないという課題があることなどを書いてもよい。

**解答例**

魚や貝などを卵からかえし、ある程度まで育ててから稚魚を川や海に放流し、大きくしてからとる（44字）

**採点のポイント**　途中で放流してからとるということが書かれていれば○。

**6**　▶問題は29ページ

**答えること**　①九州～中国地方の日本海側地域で水あげ量が多い理由

②東北地方～北海道の太平洋側地域で水あげ量が多い理由

**条件**　地図を参考にする

# 考え方と解答例

**考え方**
- 地図に示されている情報が「海の深さ」と「海流」であることに注目する。
- それぞれの地域の情報を読み取ると、
  - ①九州地方の西側から中国地方の日本海側には、海の深さが200mくらいまでの浅い海が広がっている。
    - →このようなところを大陸だなとよび、魚が集まるよい漁場である。
  - ②東北地方から北海道にかけての太平洋側には、寒流の千島海流（親潮）と暖流の日本海流（黒潮）が出合う潮目がある。
    - →潮目も魚が集まるよい漁場である。

**解答例**

（日本海側）
周辺の海に、深さが200m以内の大陸だなが広がっているから。
（太平洋側）
沖に暖流と寒流のぶつかる潮目があるから。

**採点のポイント**
①日本海側では、大陸だなにふれて説明できている
②太平洋側では、潮目にふれて説明できている
以上の条件を満たしていれば○。

---

**7** ▶ 問題は29ページ

**答えること** 食料を輸入にたよることからおこる心配

**条件** 2つ答える

**考え方**
- 「食料を輸入にたよる」ということは、国民生活の基本となる食料の供給を、外国にたよるということ。輸入にたよることによって「国内でおこること」「国外との関係でおこりうること」を考える。
  - ①国内でおこること
    - ・国内の農業がおとろえて、食料自給率がさらに低下する。
  - ②国外との関係でおこること
    - ・輸入相手国での不作や戦争などに影響を受ける。
    - ・国民生活の基本となる食料供給を外国に握られてしまう。
    - ・外国産の農産物に農薬などが多く使われていると、安全性に問題が出る。
- 上記のことから2つ選んで記述する。

**解答例**

・国内の農業がおとろえて、食料自給率がさらに低下する。
・輸入相手国での不作や戦争などに影響を受ける。

8

記述問題の書き方

演習問題

考え方と解答例

①輸入にたよることの欠点が説明できている

②２つ答えている

以上の条件を満たしていれば○。

**8** ▶ 問題は29ページ

答えること　漁師が「漁業に森が必要だ」と考えている理由

条件　「プランクトン」という語句を使う

考え方　プランクトンは魚のえさとなるため、プランクトンが豊かなところに魚が集まり、魚をたくさんとることができる。こうしたことと「豊かな森」の関係を考える。

①豊かな森は、栄養分が多い土をつくり出す。

②栄養分が多い土は、川の水に運ばれ海へと流れ出していく。

③栄養分をふくむ土がプランクトンのえさとなり、プランクトンが増える。

このような森と漁業の関係を文にまとめる。

解答例　豊かな森から海に流れ込む水には、栄養が豊富にふくまれるので魚のえさとなるプランクトンが増えるから。

採点のポイント　①豊かな森と「プランクトン」のつながりを説明している

②「プランクトン」を魚が増える原因として説明している

③「プランクトン」という語句を使っている

以上の条件を満たしていれば○。

**9** ▶ 問題は30ページ

答えること　ＴＰＰによって農業の視点で心配されていること

考え方　●ＴＰＰとはどのようなものなのかを整理する。

①2006年に、太平洋を囲む４か国（シンガポール・ニュージーランド・チリ・ブルネイ）で発効した、多国間の経済協定。

②2018年に日本をふくめた11か国が署名し、2018年末に発効した。

③関税を撤廃することによって貿易障壁をなくし、貿易を促進していくことを目的としている。

●関税を撤廃すると、日本には次のような影響がある。

①輸出品に関税がかからないので、日本の工業製品を安く輸出できる。

# 考え方と解答例

②輸入品に関税をかけられないので、外国から安い農作物が大量に入ってくる。

↓

輸出による利益が期待できる一方で、価格競争に弱い日本の農作物は売れなくなり、自給率がさらに下がってしまう可能性がある。

●ＴＰＰの特徴（とくちょう）と農業への影響の関係がわかるようにまとめる。

**解答例**

外国からの安い農作物に関税をかけられず、日本の農作物が売れなくなってしまう。
（外国からの安い農作物の輸入が進み、自給率がさらに下がり、日本の農業が衰退（すいたい）してしまう。）

**採点のポイント**

①輸入品に関税をかけられず、安い農作物の輸入が増える

②日本の農作物が売れなくなる

以上にふれて説明していれば○。

また、自給率が下がって日本の農業が衰退してしまうことにふれてもよいだろう。

---

**10** ▶ 問題は30ページ

**答えること** 自給率を上げるために食生活をどう変えるか

**条件** 自分の考えを書く

**考え方** ●自給率が低いのは、農作物や魚介類（ぎょかい）の輸入が多いからである。
ここでは、農水産業の工夫（くふう）ではなく、食生活を変えるという視点（してん）で考えるので、「国内産よりも外国産が多く買われている」ことに着目して考える。

●食生活において工夫できると考えられるところには、
「献立（こんだて）を考えるとき」「材料を買うとき」などがある。それぞれの場合で「日本産のものを選ぶこと」と考えると書きやすい。

**解答例**

・料理の材料を買うときに、産地を確認（かくにん）して日本産の材料を選んで買うようにする。
・日本産の食べ物が材料となる献立を考えて、料理や食事をするようにする。
（などから１つ）

**採点のポイント**

①食生活に直接かかわることが書かれている

②日本産を選ぶことが書かれている

以上の条件を満たしていれば○。

**11** ▶ 問題は30ページ

答えること 　水田のはたらき

条　件 　水田が減少したことで台風による大洪水がおきたことをふまえる

考え方 　●水田は、稲を育てるために水を貯めている田のこと。

洪水は、大雨によって水が川などからあふれ出すことによっておこる。

この水田と洪水の原因と結果の関係を考える。

「水を貯めておくことができる水田がなくなった」から「大洪水がおきた」

↓つまり

「水田は水を貯めて、洪水を防ぐことができる」

●問われていることは「はたらき」なので、文末が「〜はたらき。」となるよう

に文を組み立てるとよい。

解答例 　**雨水を一時的にたくわえて、洪水を防ぐはたらき。**

採点の
ポイント 　①「洪水を防ぐ」はたらきを説明している

②どのように防ぐことができるのかを説明している

以上の条件を満たしていれば○。

**12** ▶ 問題は30ページ

答えること 　1970年代後半から遠洋漁業の漁かく量が減った理由

条　件 　①1970年代におこったできごとをふまえる

②２つ答える

考え方 　●遠洋漁業はどのようなものなのかを整理する。

①船団を組んで、日本から離れた海で漁をする大規模な漁業。

②遠くまで出かけるため、より多くの燃料代がかかる。

③外国の沿岸水域で漁をすることがある。

●1970年代におきた遠洋漁業に関係するできごとは次の２つが考えられる。

①石油危機がおきて、燃料の価格が急激に上がった。

②各国で200カイリ漁業専管水域を設定する動きがあった。

●「1970年代のできごと」によって「遠洋漁業にどんな影響があったか」を結

びつけて、文を組み立てる。

解答例 　**・石油危機によって漁船の燃料代が上がったから。**

**・各国の沿岸200カイリで自由な漁業ができなくなったから。**

# 考え方と解答例

**採点の ポイント**
①石油危機と漁業専管水域にふれている
② ①でふれた２つのできごとを原因として、理由を説明できている
以上の条件を満たしていれば○。

---

**13** ▶ 問題は30ページ

**答えること** 食肉をブランド化する理由

**条 件** 「輸入」という語句を必ず使用する

**考え方**
●ブランド化することで得られる利点を考える。
　　→設けた基準を上回る証拠となるので高品質な食肉であることを保証できる。
●国産の食肉は値段が高く、安価の輸入食肉に対して値段の点では対抗できない。

**解答例**

安全性や品質を高めることで、安価な輸入食肉との競争に勝ち、利益を得るため。

**採点の ポイント**
①「輸入」という語句を使っている
②ブランド化によって安全性や品質が高くなることがわかる
③安価な輸入食肉と価格以外の点で対抗できることがわかる
以上の条件を満たしていれば○。

---

**14** ▶ 問題は31ページ

**答えること** 東京市場におけるきゅうりの産地の年間の変化の特色と、変化の理由

**条 件**
①グラフを読み取る
②140字以上180字以内

**考え方**
●「以前は比較的近いところに限られた産地が、なぜ現在は…」という部分から、東京と産地の距離に着目すればよいとわかる。
●グラフから、年間で産地がどのように変化しているのかを読み取る。大きく季節ごとにとらえると、次のようになる。
　　①春（３～６月）・秋（10～11月）……東京に近い関東各県
　　②夏（７～９月）……すずしい東北地方
　　③冬（１・２・12月）……あたたかく促成栽培を行っている地域
●東京から遠く離れた地域からの入荷が増えた理由としては、
　　①高速道路やカーフェリーなどの交通機関の発達
　　②それぞれの地域で気候を生かした栽培をするようになったこと
　　などがあげられる。

●具体例を入れて文字数を調整する。たとえば、
　①産地の説明に、具体的な都道府県名や季節をあげる。
　②離れた地域からの輸送に使う、具体的な手段をあげる。

**解答例**

東京市場に入荷されるきゅうりの産地は、春と秋には周辺の関東各県からが多いが、夏には東北地方からの、冬には季節のわりに温暖な高知県や宮崎県からの入荷が多い。このように東京から遠い地域からも入荷されるようになったのは、高速道路やカーフェリーなどの交通機関の発達によって、各地で時期をずらしてつくったきゅうりを、短時間で輸送できるようになったからである。(174字)

**採点の ポイント**
①春秋・夏・冬の３つの時期に分けた、時期ごとの産地の特色を説明できている
②離れた産地からの入荷が増えている理由を説明できている
③140字以上180字以内
以上の条件を満たしていれば○。

# ❸ 日本の工業

**1** ▶ 問題は32ページ

**答えること**　東北地方でＩＣ工場が多いのはどのような地域か

**考え方**　●ＩＣ（集積回路）工場の立地条件を考える。
　①ＩＣは製品が小さく軽量なわりに高価であるため、自動車や飛行機で輸送しても利益を出すことができる。
　　→空港の近くや高速道路沿いに多い
　②海沿いの地域はすでに開発が進んでいるため、工業用地を確保しにくい。
●記述をするときにはつねに、何が問われているのかを頭に入れておくこと。
「なぜ多いのですか」とは問われていないので、「製品が小さく軽量な割に高価だから」、「空港や高速道路があるから」という答え方はふさわしくない。

**解答例**

製品の輸送に便利な空港や高速道路の近く。

**採点の ポイント**
①空港や高速道路が近くにあることにふれている
②地域の説明をした文章になっている
以上の条件を満たしていれば○。

# 考え方と解答例

**2**

▶ 問題は32ページ

**答えること**　製鉄所がどのような場所にできているか

**条件**　①地図を読み取る

②共通する立地条件を2つ以上あげる

**考え方**　●地図からは製鉄所は海沿いに多いということが読み取れる。

●製鉄所の立地条件には次のようなことがあげられる。

①原材料の輸入がしやすい港の近く。

②埋め立てによって広い土地が確保できる海沿い。

③工業用水が得やすい川の下流に広がる平地。

④工場の労働力を得やすい都市の近く。

立地条件は知識として持っておきたいものだが、地図からも海沿いの地域や大都市の近くに製鉄所が多いことはわかる。

●地図から読み取ったことと立地条件を結びつけて説明する。

正確な表記に気をつける。「太平洋側に集まっている」と書くと、地図には瀬戸内海に面している地域もあるので×となってしまう。

**解答例**

鉄の原材料を輸入できる港があり、埋め立てによって広い土地が得やすい海沿いの地域に多い。

**採点のポイント**　①海沿いに多いことが書かれている

②立地条件を2つあげている

以上の条件を満たしていれば○。

**3**　▶ 問題は32ページ

**答えること**　静岡県富士市で製紙工業がさかんな理由

**考え方**　●製紙・パルプ工業の工場の立地条件として、大量の工業用水が得られる場所であることがあげられる。このことから、富士山ろくの豊富な地下水が得られることを書けばよい。

●山地から原材料となる木材が得られたため発達したことを書いてもよい。

**解答例**

富士山ろくの豊富な地下水にめぐまれているから。
（豊富な工業用水と木材資源にめぐまれて発達してきたから。）

**採点のポイント**　大量の工業用水が得られることにふれていれば○。

14

**4** ▶ 問題は32ページ

答えること　自動車工場の海外移転が国内におよぼす影響（えいきょう）

考え方　●自動車産業は日本の産業の中心である。この自動車工場を海外移転する理由を考える。

①アメリカ合衆国（がっしゅうこく）や西ヨーロッパ諸国（しょこく）との貿易摩擦（まさつ）を解消するため。

②アジア諸国で生産をすることで、人件費などを安くおさえるため。

●しかし、自動車工場が日本からなくなれば、鉄鋼（てっこう）やタイヤなどの部品を生産している製鉄や石油化学の関連工場への注文もなくなり、関連工場にも大きな影響がおよぶ。このような工場の海外移転による影響は、3つの「空洞化（くうどうか）」として説明されることがある。

①「産業の空洞化」……日本国内の生産能力がなくなり、産業が衰退（すいたい）する。

②「技術の空洞化」……日本の持つ技術が外国へ流れ出ていく。

③「雇用（こよう）の空洞化」……工場が閉鎖（へいさ）され、日本人の働く場所がなくなる。

解答例　国内の組み立て工場や関連工場が閉鎖されて、人びとが働く場所を失ってしまう。

採点のポイント　「考え方」にある空洞化の内容にふれていれば○。

**5** ▶ 問題は33ページ

答えること　東京で印刷業がさかんな理由

考え方　●印刷業の製品として、新聞やチラシ、雑誌（ざっし）、パンフレットなどがあげられる。このような印刷業は、情報発信がさかんなところで発達する。東京は日本の首都で、政治・経済（けいざい）・文化の中心地でもある。

●東京には、さまざまな企業（きぎょう）の本社があつまっていることや、出版社や新聞社が多いことなどから、印刷業の需要（じゅよう）が高い。

解答例　政治・経済・文化の中心地で情報が集まりやすく出版社・新聞社が集まっているため。

採点のポイント　①情報が集まっていることにふれている

②印刷業に関係する「企業の本社」「出版社」「新聞社」などを具体的にあげている

以上の条件を満たしていれば○。

記述問題の書き方

演習問題

考え方と解答例

# 考え方と解答例

**6** ▶ 問題は33ページ

**答えること** 石川県で、農家が副業をさかんに行ってきた理由

**条件** 石川県の気候の特徴に着目する

**考え方** ●石川県の気候の特徴

　　→石川県の気候は、冬の降雪量が多い日本海側の気候である。

●農業におよぼす影響

　　→豪雪地帯では冬に農業ができないため、夏の農業に力を入れている。

●「冬に農業ができない」ことと「副業として発達してきた」ことを結びつけて考える。

**解答例** 日本海側では冬は雪で農業ができなくなるので、その間の副業として伝統工業がさかんになった。

**採点のポイント** ①石川県の気候の特徴である、冬の降雪量が多いことにふれている

②冬に農業ができなくなり、その間に副業をしていることにふれている

以上の条件を満たしていれば○。

**7** ▶ 問題は33ページ

**答えること** 北九州工業地帯の生産額がのびなやんでいる理由

**条件** 2つ答える

**考え方** ●まず、北九州工業地帯が発達した背景を考える。

①明治時代に官営の八幡製鉄所が建設され、製鉄業を中心に発達した。

　　→現在、製鉄業はどのような状態になっているか？

②近くに石炭が産出する炭田があり、鉄鉱石の輸入先だった中国にも近いため、製鉄業の原料や燃料が入手しやすかった。

　　→現在では、製鉄業の原料はどこからの入手が多いのか？

日本の製鉄業の現状と比べると、理由が見えてくるだろう。

●工業全般が発達する地域の条件としては、次のことがあげられる。

①工業用地や用水を手に入れやすい。

②輸出入や、国内の消費地への輸送に便利な場所である。

**解答例**

・中心となっていた製鉄業がのびなやんでいるから。
・新しい工業地帯が発達してきたから。
・工業用地や工業用水にめぐまれていないから。
・京浜や阪神などの大消費地から離れているから。
（以上の中から２つ）

**採点の
ポイント** 解答例にある内容のうち、２つがあれば○。

**8** ▶ 問題は33ページ

**答えること** 内陸部や太平洋ベルトからはなれた地域に工業が発達してきた理由

**考え方** ●太平洋側の海沿いの地域に工業が発達してきた理由を確認すると、

①埋め立てによって広い工業用地を得やすいから

②港の近くは、原材料の輸入や製品の輸出に便利だから

③製鉄業や石油化学工業に必要な工業用水を得やすいから

などがあげられる。

しかし近年は人口が集中し、土地不足や公害、交通渋滞などが問題となっている。それにともなって、高速道路が発達し周辺地域へと工業地域が進出している。

●問題文にある、日本の工業の中心が「高度な組み立て型工業」に移ったことをふまえて、内陸部や太平洋ベルトからはなれた地域でも工業がさかんになった理由を考える。

①組み立て工業は、原料の輸入を直接は必要としないことが多いから。

②高速道路が発達し、製品や原材料の自動車輸送が可能になったから。

③組み立て工業では、製鉄業や化学工業ほど大量の工業用水は必要ないから。

**解答例** 高速道路の発達により、原料や製品の自動車輸送が可能になったから。

**採点の
ポイント** 問題文で情報があたえられているため、①または②をふまえた内容となっていることが望ましい。

①製鉄・化学工業と比べた、高度な組み立て型工業の特色

②太平洋ベルトと比べた、内陸部や太平洋ベルトとはなれた地域の特色

記述問題の書き方

演習問題

考え方と解答例

17

# 考え方と解答例

**1** ▶ 問題は34ページ

**答えること** 行政が主張してきた原子力エネルギーの環境面での利点

**条件** 「原子力発電は～を出さない。」に合うように答える

**考え方** ●原子力発電の利点は、

①安い発電コストで大きなエネルギーが得られ、効率がよい

②発電時に温暖化や酸性雨、大気汚染などの原因となる物質を出さない

ということがあげられてきた。

●問われている「環境面での利点」に合うのは②である。

ただし、問題の条件に合うように、

①環境面での利点が分かるように説明をしなければならない

②解答らんの大きさと、前後に指定されたことばに合う文にする

たとえば、「二酸化炭素」とだけ書いたのでは、環境面の利点はわかりにくく不十分である。

**解答例**

(原子力発電は) 地球温暖化の原因となる二酸化炭素 (を出さない。)

**(別解)**

(原子力発電は) 大気汚染や酸性雨の原因となる物質 (を出さない。)

**採点のポイント** ①環境面の利点がわかる表現になっている

②前後のことばと合わせて、意味の通る文になっている

以上の条件を満たしていれば○。

**2** ▶ 問題は34ページ

**答えること** カーボンニュートラルとは、二酸化炭素の排出をどのような状態にする考え方か

**条件** 「排出量」「吸収量」という2つの語句を必ず使用する

**考え方** ●指定語句の「排出量」「吸収量」を手がかりにする。

●地球温暖化のおもな原因物質となっている二酸化炭素をどうすれば吸収できるのかを考える。

●森林などの植物は、光合成によって二酸化炭素を吸収し、酸素を放出している。

**解答例**

二酸化炭素の「排出量」から、植林などによる「吸収量」を差し引いて、合計を（実質的に）ゼロにすること。

**採点のポイント**

①「排出量」「吸収量」という２つの語句を使っている
②排出された二酸化炭素が、植物などによって吸収されることを書いている
以上の条件を満たしていれば○。

**3** ▶ 問題は34ページ

**答えること** 世界遺産に選ばれる利点（メリット）

**条　件** 登録されることによる代表的な利点

**考え方**
●「世界遺産」は、世界各地の貴重な文化財や自然環境を守るため、ユネスコの世界遺産委員会が検討し選んでいる。国際機関に認められれば、それだけ注目度も上がる。
●登録された地域にとっては、世界の注目を集めることによって、観光客が増加し、地域活性化につながる。

**解答例**

国内外からの観光客が増え、地域の経済が活性化される。

**採点のポイント**

「登録されたことによる」利点になっていれば○。

**4** ▶ 問題は34ページ

**答えること** 森林は私たちの生活にどのように役立っているか

**条　件** 材木や紙の原料となっていること以外のことを答える

**考え方**
●材木や紙の原料をのぞいて、おもな森林の役割としては、
①洪水や土砂崩れを防ぐ　　②地中の水源を保つ
③風や砂から家や農作物を守る　　④空気をきれいにする
⑤生き物のすみかになる　　⑥景観をよくする
などがあげられる。
●さらに、次のような例もある。
①火に強い木を植えると、防火林となる
②大雪や雪崩を防ぐ防雪林となる
③豪雪時に道路の路側や中央分離帯の目印となる
●解答らんは２行程度あるので、生活に役立っている例をいくつかあげて説明をすればよい。

# 考え方と解答例

**解答例**

洪水や土砂崩れを防ぐほか、防風林や防砂林として私たちの生活を守っている。
（水源を保つ、動植物のすみかとなるなど、私たちの食生活や環境を守っている。）

**採点のポイント**

①生活に役立っていることがわかる

②材木や紙の原料として木で何かを作ること以外の例をあげている

以上の条件を満たしていれば○。

---

**5** ▶ 問題は35ページ

**答えること** エネルギー革命とは何か

**考え方** 「エネルギー革命」とは、一般的に、それまで主力となっていたあるエネルギー源が別のものにかわることをいう。ここでは、石炭から石油へとエネルギー源の中心がかわったことを指す。そのきっかけとなったのは、第二次世界大戦後に中東地域で次々と油田が見つかり、石油が安く得られるようになったことである。

**解答例**

**エネルギー源の中心が石炭から石油にかわったこと。**

**採点のポイント** 具体的なエネルギー源の名称（石炭・石油）が正しく使われていれば○。

---

**6** ▶ 問題は35ページ

**答えること** 1960年代に公害の発生が集中した理由

**条件** 「工業の発展」「環境保護」という語句を使う

**考え方** ●問題文の「1960年代」は高度経済成長期である。高度経済成長期における「工業の発展」「環境保護」の関係を考える。

①高度経済成長期は、戦後日本が急速に経済を発展させた時期のことで、とくに重化学工業が大きくのびた。国民の生活は「消費は美徳」といわれるほど豊かになり、世界的にも資本主義国の中でアメリカに次ぐ経済大国へと成長した。

②このようなめざましい工業の発展があった一方で、公害問題があらわれはじめた。四大公害病は裁判で争われ、このころから環境保護が強く訴えられるようになった。

● 「工業の発展」…急速な工業の発展によって公害がおきた

「環境保護」…高度経済成長期には、環境保護はないがしろにされていた

ととらえることができる。

**解答例**

> 高度経済成長期には、環境保護や生活の安全よりも、工業の発展が優先(ゆうせん)されたため。

**採点の
ポイント**

①工業が優先、環境が軽視(けいし)されていたことにふれている

②「工業の発展」「環境保護」という語句を使っている

以上の条件を満たしていれば○。

---

**7** ▶ 問題は35ページ

**答えること**　自動車の使用が地球環境(かんきょう)全体にあたえる被害(ひがい)と、その原因

**条　件**　①例を２つあげ、それぞれ説明する

②それぞれの原因と被害についてふれる

**考え方**　●自動車の使用による地球環境への影響(えいきょう)は、

①大気汚染(おせん)や、それによる呼吸器系(こきゅうけい)の病気

②窒素酸化物(ちっそ)などによる光化学スモッグ

③硫黄酸化物(いおう)や窒素酸化物などによる酸性雨

④二酸化炭素による地球温暖化(おんだんか)

などが考えられる。これらの中から２つ取り上げ、説明する。

●解答らんの大きさを見ると、具体的な物質名はあげなくてよいと考えられる。
ただし「排気(はいき)ガスによって」というふうに原因は明らかになるように書く。

**解答例**

> ・排気ガス中の有害物質による光化学スモッグの発生。
> ・排気ガスにふくまれる二酸化炭素によっておこる地球温暖化。
> ・排気ガス中の有害物質が原因となる酸性雨。
> ・排気ガスが大気を汚染しておこる呼吸器系の病気。
> （以上の中から２つ）

**採点の
ポイント**

①地球環境全体への被害を書いていること（交通事故・交通渋滞(じゅうたい)・騒音(そうおん)・振動(しんどう)
などは、「地球環境全体」とは言えないので×）

②原因（何によって）と被害（どうなるか）が分かるように書いている

以上の条件を満たしていれば○。

# 考え方と解答例

**8** ▶ 問題は35ページ

答えること　リデュースとはどのようなことか

考え方　●「3R」について確認する。

①「リデュース」……ごみを減らすこと

②「リユース」……くりかえし使うこと

③「リサイクル」……資源として再利用すること

●「ごみを減らすこと」だけでもよいが、解答らんの空白が気になる場合は、言いかえたりくわしくしたりする言葉を加える。

解答例

**ごみの量を減らす努力や工夫をすること。**

採点のポイント　ごみを「減らす」ことがわかれば○。

**9** ▶ 問題は35ページ

答えること　「リフューズ」にあたる具体的な行動

条件　買い物をするときの行動

考え方　**8**の3Rが一般的だが、最近では4Rや5R、7Rなども考えられている。その中の「断る」ことでごみを減らすには、「不要になって捨てるくらいなら、あらかじめ断る」ということを考える。買い物をする場面で「結局捨ててしまうもの」をさがす。

解答例

**エコバッグを持参し、レジ袋や紙袋などを断る。**
**（商品を過剰に包んだり、袋に入れたりすることを断る。）**
**（使い捨てのはしやスプーン、ストローなどを断る。）**

採点のポイント　「断る」ことでごみを減らす具体例があれば○。

**10** ▶ 問題は36ページ

答えること　都市から金や銀を手に入れる方法

考え方　●金や銀は、貨幣やアクセサリーなどにも使われているが、機械の部品の材料にも使われている。携帯電話の部品にも金が使われており、普及率の高い都市部ほどたくさんの金があるといえる。

●このような貴重な鉱産資源が使われている機械類は、都市に流通し、廃棄されたままになっていることがある。限られた資源なので、これらを回収して再利用するべきという声が高まっている。都市に鉱産資源がねむっているこ

とから「都市鉱山」と表現することもある。

**解答例**

捨てられた携帯電話などの部品から回収する。

**採点の ポイント**

機械類の部品に金や銀がふくまれていることをふまえていれば○。
（歯の治療やメッキに使われる金・銀は、全体から見た割合は低いので×。）

　▶ 問題は36ページ

**答えること**　農産物から作られた燃料の利用が増えるとおこる問題

**考え方**　●植物からつくられたアルコール燃料は「バイオエタノール」とよばれ、ブラジルではサトウキビ、アメリカ合衆国ではトウモロコシなどを利用している。バイオエタノールの利点には、

①植物資源からつくられるので、再生可能エネルギーである

②光合成をして、生長時に酸素をつくっている

③燃やしても、元から植物にふくまれる炭素が放出されるので、二酸化炭素の全体量は増えない

などがあげられる。

●温暖化対策も大切だが、一方で、バイオエタノール燃料の利用が増えると新たな問題も生まれる。こうした問題にも目を向けるなど、さまざまな角度からものごとを考える必要がある。その問題点として、

①燃料に利用された分、食糧不足の地域に行き渡らなくなる

②農産物の消費量が増えれば、それだけ値段が上昇してしまう

③原料の栽培を増やすには、自然を破壊して開墾しなくてはならない

などがあげられる。これらの中から書きやすいものを選べばよい。

**解答例**

燃料として利用される分、食糧不足が悪化してしまう。
（消費量が増えて、農産物の値段が上がってしまう。）
（生産を増やすには自然を破壊して開墾をする必要がある。）

**採点の ポイント**

「食糧不足」「農作物の値段が上がる」「耕地が不足する」などのいずれかにふれていれば○。

12　▶ 問題は36ページ

**答えること**　「フードマイレージ」の数値が大きい場合、どのようなことがわかるか

**条 件**　「燃料」「二酸化炭素のはい出」という語句を使う

# 考え方と解答例

**考え方** ●数値が大きいということは、具体的にどういう意味なのかを説明する。

●「フードマイレージ」とは、問題文にあるとおり、（食料の重さ）×（輸送距離）で表す数値で、単位は「トンキロ」が用いられる。これによって、「どのくらいの量を」「どのくらい遠くから」運んだのかが数値化され、環境（かんきょう）への負担（ふたん）の大きさの目安とすることができる。たとえば、地球の裏側（うらがわ）から大型の船で運ぶほど燃料がかかり、となりの町から運べば燃料は少なくすむことがわかる。

●フードマイレージの数値が大きい場合、つまり大量に・長い距離を運ぶほど、必要なエネルギーが多くなり、燃料の消費が多くなる。燃料を使えば二酸化炭素がはい出され、地球温暖化（おんだん）の原因となる。これを「燃料」「二酸化炭素のはい出」という語句を忘（わす）れずに使って記述する。

**解答例**

燃料の消費量と二酸化炭素のはい出量が多く、環境への負担が大きいということがわかる。

**採点のポイント** ①数値が大きい場合にわかることを述べている（フードマイレージの説明ではない）

②「燃料」「二酸化炭素のはい出」を使っている（語句指定なので、表記を変えてはいけない。「二酸化炭素の排出（はいしゅつ）」や「二酸化炭素をはい出」は×）

以上の条件を満たしていれば○。

---

**13** ▶ 問題は37ページ

**答えること** 東京でヒートアイランド化が進んだ原因

**考え方** ●「ヒートアイランド化」とは、都市部だけが郊外（こうがい）よりも気温が高くなってしまう状態をいう。「ヒート」は熱、「アイランド」は島という意味である。

●解答らんが大きいので、まず具体例もふくめて考えられることをあげる。
ヒートアイランド化のおもな原因として、
①緑地が少なく、水分を蒸発（じょうはつ）させて気温を下げることができないから
②コンクリートが昼間に太陽の熱で温まり、夜間に熱を放出するから
③自動車の排気（はいき）ガスやエアコンの温風などが放出されるから
などがあげられる。これらをつないで文章にしていく。

**解答例**

緑地が少なく、コンクリートの地面や建物に覆（おお）われているため、昼の間に太陽の熱で高温になり、夜の間も熱を放出するから。
（自動車やエアコンの室外機から出る温風によっても空気が温められるから。）

①緑地や土の地面が少ないこと

②コンクリートやアスファルトが熱をためること

③自動車の排気ガスやエアコンの温風が放出されていること

これらから1つ以上の内容が書かれていれば○。

**14** ▶ 問題は37ページ

答えること 地球温暖化を解決するためにわたしたちが家庭でできる具体的な方法

条件 【表】から読み取った情報を使うこと

考え方
●【表】家庭から排出される二酸化炭素の用途別内訳について、割合が高いのはどの用途かを読み取る。

●【表】にしめされた用途について、二酸化炭素の排出量を減らすために家庭でできる方法を考える。

●解答らんにすでにしめされている前後につながるように書く。

解答例
（表から）照明・家電製品などからの二酸化炭素の排出が多い
（ということが読み取れるので、）使わない部屋の電気をこまめに消したり、コンセントからプラグをぬいたり（するのがよいと言える。）

採点のポイント
①【表】から読み取れることを使って書いている

②解答らんの前後につながるように書いている

③【表】から読み取った「照明・家電製品など」「自動車」「暖房」「給湯」に関係する二酸化炭素の排出量を減らすための方法について、家庭でできる内容で書いている

以上の条件を満たしていれば○。

## ❺ 人口と国民生活

**1** ▶ 問題は38ページ

答えること 人口密度とは何か

考え方
●人口密度は「1㎢あたりに何人いるか」を「人口（人）÷面積（㎢）＝人口密度（人/㎢）」という式で求めることで、その地域の混み具合をあらわしたもの。

●「人口密度とは何ですか」という問いに対して、1行程度で答えるために何を説明すればよいのかをよく考えてみよう。式は人口密度の求め方を説明したものであって、人口密度の説明としてはふさわしくない。

# 考え方と解答例

▶ 問題は38ページ

**解答例**

> その地域の混み具合を数値であらわしたもの。
> （1km²あたりの人口を計算で求めたもの。）

**採点の
ポイント**

①「1km²あたりに何人いるか」という説明ができている

②「地域の混み具合をあらわしたもの」「同じ面積にどれくらいの人が集まって
いるか」など、人口密度によって何がわかるのかが説明できている

①または②のような内容が書かれていれば○。

式だけが正しく書かれていても×。

## 2 ▶ 問題は38ページ

**答えること**　①人口減少が望ましいか望ましくないか　②その理由

**条件**　「望ましい」「望ましくない」のどちらか一方を選び、それに沿って説明

**考え方**

●人口が減少するとどうなるか思いつくことをあげてみる。思いつきにくい場
合は、まず身の回りのことからイメージする。

①町の人口が減る　　→町中の混雑が減る、静かになる…　など

②学校の人数が減る　→クラス数が減る、学校が統廃合される…　など

③労働者が減る　　　→働く場所ができる、生産力が落ちる…　など

④消費者が減る　　　→ものが売れなくなる、景気が悪くなる…　など

●正反対の2つの立場（対照の関係）から人口減少を見てみたり、一部分また
は全体の立場（部分や全体の関係）から見てみたりすると、考えが具体化す
ることがある。

①対照の関係：生産者と消費者、老人と若者、地方と都市…　など

②部分と全体の関係：地域と日本全体…　など

●自分がとる立場を決めて、賛成・反対を選ぶ。賛成か反対かは、説明に誤り
がなければどちらでもよい。

**解答例**

> （望ましい）人口が多すぎるために自動車が渋滞しているから。
> （望ましくない）ものを買う人が減って、景気が悪くなるから。

**採点の
ポイント**

①「望ましい」「望ましくない」のどちらかを選んでいる

②選んだものと理由に、きちんとつながりがある

③内容が人口減少から飛躍していない

以上の条件を満たしていれば○。

**3** ▶ 問題は38ページ

答えること　人口が80億人を突破した世界で、人びとが直面する問題

条件　①資料１・資料２を読み取る

②40字以内（句読点は字数にふくまない）

考え方　●資料１からは、世界の人口は10年間で約10億人のペースで急激に増え続けていることがわかる。

●資料２からは、世界の人口に比べると世界の耕地面積はほとんど増加していないということがわかる。また、注意書きにも必ず目を向けよう。「耕地面積：農作物を育てるために利用している土地の面積」これは、農作物、つまり食糧に関する問題であるという手がかりとなっている。

●人口増加に対して、食糧生産に必要な耕地面積が追いついていないということは、「食糧が不足する」という問題に直面することが考えられる。

解答例　人口の増加に耕地面積が追いついていないため、やがて食糧不足になると考えられる。（句読点をふくまないで37字）

採点の
ポイント
①資料１・資料２から読み取った内容が書かれている

②問題点として食糧不足が書かれている

③句読点をのぞき40字以内

以上の条件を満たしていれば○。

**4** ▶ 問題は39ページ

答えること　Ⅰ　「関係人口」としてかかわる人々の具体的な活動例

Ⅱ　地域住民がかかえる課題をふまえて考えた、「関係人口」が注目されている理由

考え方　●問題文を読むことで、「関係人口」とはどのような人口かをとらえる。

●「関係人口」とは、日常的に生活する定住人口や、観光のように短期的に地域を訪れる交流人口、単なる帰省とは区別して使用されていることに注意する。

●Ⅱについては、地域住民がかかえる課題は何かを考える。

解答例　Ⅰ　地域のイベントを住民とともに企画・運営する。

Ⅱ　住民の高齢化によって地域の担い手となる人口が減少し、住民や自治体だけでは、地域の活力を維持向上させていくことが難しいから。

27

# 考え方と解答例

Ⅰ 「関係人口」について、問題文中にある「定住人口」「交流人口」、「帰省」
ではないことを理解したうえで、具体的な活動例をあげていれば○。

Ⅱ 地域住民がかかえる課題（高齢化、人口減少など）をふまえて、「関係人
口」が注目されている理由を書いていれば○。

## 5 ▶ 問題は39ページ

答えること 設問にある広告の問題点

条件 35字以内

考え方 ●問題文には情報を選ぶことが重要であると述べられている。

このことをふまえて広告文を読んでみると、以下のように考えられる。

①常に変化する為替相場を「これ以上進まない」と断定している。

②「絶対」と利点のみを強調している。

③「今すぐ」と考える余地をあたえないようにしている。

●文字数の指定が短いときには、次のことができないか考えてみる。

①具体例を抽象的な表現に置きかえられるか。

②似ている意味の表現で言いかえることができないか。

解答例

> 断定や強調する表現をむやみに使ったり、決断をあおったりしてい
> る。（32字）

採点の
ポイント ①断定的な表現である

②考える余地をあたえないようにしている

①または②のような指摘をしていれば○。

## 6 ▶ 問題は40ページ

答えること キャッシュレス化による消費者のデメリット

考え方 キャッシュレス化による消費者にとってのデメリットを考える。

解答例

> 災害などによって停電が発生すると、システムが停止して利用でき
> ない。

採点の
ポイント システムが停止したときや、スマートフォンなどを忘れたときには使えないこ
と、対応していない店があることなど、消費者にとってのデメリットについて
書いていれば○。

**7** ▶ 問題は40ページ

答えること ピクトグラムが世界で普及した理由

条件 ①文章、とくにオリンピックとデパートの例を参考にする
②誰にとって、どのような点が役立つのかを明確にする

考え方 ●文章から、ピクトグラムは「何を表しているかすぐにわかるようにデザイン
されたマークのこと」だとわかる。このことをふまえて、オリンピックとデ
パートの2つの例について考える。

①たくさんの外国人がやってくる国際的なイベント、東京オリンピックの際
にピクトグラムが用いられた。

②デパートの火災では、非常口には漢字で「非常口」と書かれていただけだっ
た。その後日本でデザインされたマークが国際標準となった。

2つの例からは、言語が異なる外国人にもわかるようデザインされていると
いうことが読み取れる。

●これらのことを因果関係に着目して、「誰にとって」「どのような点が役立つ
から」「世界で普及した」という文にまとめる。

解答例
言語の異なる外国人にも、何をあらわしているのかが見てわかるか
ら。

採点の
ポイント ①外国人にとって役に立つという内容である
②言語が伝わらなくても何をあらわしているかがわかるという内容である
以上の条件を満たしていれば○。

**8** ▶ 問題は41ページ

答えること 1960〜70年にかけて耐久消費財が普及した理由

条件 2つの点から説明する

考え方 ●問題文の時期は、高度経済成長期であり、次のようなことがいえる。

①重化学工業が発達し、経済が大きく成長した。

②国民の所得が増え、生活も豊かになった。

●耐久消費財は現在の私たちにとっては、どれも不可欠なものである。これら
が普及したということは、手に入れやすくなったともいえる。これを上の①・
②と結びつけると、

①工業が発達して大量生産できるようになり、製品の値段が下がった。

②お金のよゆうができ、ものを買いやすくなった。

# 考え方と解答例

●今回のように「２つの点から」「いくつかの面から」など、複数のことがらをあげなければならないときには、**2**と同様に「対照の関係」や「部分と全体の関係」に着目するとよい。

①部分と全体の関係：高度経済成長期の国民のようすと日本のようす

②対照の関係：生産者と消費者

というように２つの異なる立場が見えてくるので、それぞれの立場から説明すればよい。他の問題でも活用してみよう。

**解答例**

> 工業が発達し大量生産によって製品の値段が安くなったから。
> 国民の所得が増え耐久消費財を買うよゆうができたから。

**採点の ポイント**

①大量生産で値段が安くなった

②国民の所得が増えた

以上にふれて説明していれば○。

---

**9** ▶ 問題は41ページ

**答えること** 今後ネット通販（つうはん）や宅配（たくはい）サービスが果たしていく役割（やくわり）

**条件** ①問題文と図を参考にする

②80字以内

**考え方** ●文章では、ネット通販や宅配サービスは以下のように説明されている。

①ネット通販や宅配サービスによって、店に行かなくてもインターネットで商品を注文し、自宅（じたく）まで届（とど）けてもらえるようになった。

②実際には店舗（てんぽ）を持たない業種が拡大（かくだい）したり、従来（じゅうらい）の小売店にもこのようなサービスを導入する例が増えている。

●図からは、一人暮（く）らしの世帯とくに65才以上の一人暮らし世帯が増加し、今後も増えていくと予測されることが読み取れる。

●記述をする前に、問われていることが何かを明確にする。問われている部分を抜（ぬ）き出すと「人口や小売店のあり方が変化していく中で、ネット通販や宅配サービスはどのような役割を果たしていくと考えられますか」とある。設問文に読み取ったことをあてはめてみる。

①人口の変化：一人暮らしの高齢（こうれい）者が増えている

②小売店のあり方の変化：自宅に商品を届けてもらえる店が増えている

③果たす役割：一人暮らしの高齢者が外出しなくても必要なものが買える

**解答例**

インターネットを通じて自宅で注文をして商品が届くサービスが拡大し、一人暮らしの高齢者が増加していっても、外出せずに必要なものが手に入れられるという役割。(76字)

**採点のポイント**

①自宅に商品が届けられることにふれている

②高齢者の一人暮らしが増えていることにふれている

③　①のサービスが、②のように変化する世の中で役に立つことがわかる

以上の条件を満たしていれば○。

# ❻ 貿易と交通

**1** ▶ 問題は42ページ

**答えること** 飛行機で輸送される工業製品の特色

**条件** 具体的な工業製品の例を１つあげる

**考え方** ●飛行機による輸送は、短時間で運べる長所がある一方で、大きなものが運べない、輸送料が比較的高価になるという短所がある。

それらをふまえると、飛行機で輸送するのに適した製品は、

①小さく軽量のわりに、高価なもの

②新鮮なまま運ばなければならないもの

ということがいえる。

●ここでは工業製品が問われているので、具体例にはＩＣ（集積回路）などがあげられる。

**解答例**

集積回路のように、小さく軽いわりに値段が高いこと。

**採点のポイント**

①例としてＩＣや精密機械などの工業製品をあげている

②「小さい」「軽い」わりに「高価である」という、飛行機で輸送するのに適している理由が説明されている

以上の条件を満たしていれば○。

**2** ▶ 問題は42ページ

**答えること** 成田国際空港が「成田漁港」とよばれている理由

**条件** 「短時間」「新鮮な」という語句を使い、下線を引く

**考え方** ●問題文にある「成田国際空港」と「漁港」、そして「短時間」と「新鮮な」と

いう語句どうしの関係を考える。

①「成田国際空港」から（へ）空輸すれば、「短時間」で運べる

②「短時間」で運ぶことで「新鮮な」状態を保つことができる

③「漁港」でとれる魚は「新鮮な」状態であったほうがよい

語句どうしのつながりから、答えのイメージが見えてくる。部分ごとの関係を考えていくことで、全体で言いたいことが見えてくる。

●成田国際空港そのものの特徴を考えてみると、

①国際空港であるため、輸出入が行われる

②成田国際空港は内陸にあるので、魚を輸出することは考えにくい

ここまでに出てきたことをふまえると、成田国際空港ではその特徴を生かして魚の輸入がさかんに行われていることが考えられる。

●字数指定がなければ無理に１文にせず、箇条書きのように答えてもよい。

**解答例**

成田国際空港には、航空機が短時間で輸送できることを生かし、世界各国から新鮮な魚介類が運ばれてくるから。

**採点の ポイント**

①「短時間」を、輸送時間の短さを表すために使っている

②「新鮮な」を、魚介類を新鮮なまま届けることに使っている

③２つの語句にそれぞれ下線が引かれている

④成田国際空港に魚介類が運ばれてくることがわかる

以上の条件を満たしていれば○。

**3** ▶ 問題は42ページ

**答えること** 貿易摩擦を解決するためにとった日本の自動車会社の工夫

**条　件** 表を参考にする

**考え方** ●表からは、

①日本で生産した自動車の台数は1990年をピークに減少している

②アメリカで生産した日本車の台数は1990年ごろから増加している

③日本からアメリカへ輸出した自動車の台数は1990年ごろから減少傾向である

ということが読み取れる。これらから、日本での自動車生産をやめてアメリカで生産することで輸出量を減らしたと考えられる。

**解答例**

自動車生産の拠点を日本からアメリカに移し、輸出を減らした。

採点の
ポイント

①自動車の生産場所を、日本からアメリカへ移した

②輸出量を減らした

以上のことがわかるように書けていれば○。

---

**4** ▶ 問題は42ページ

答えること 人工島に空港をつくる利点

条件 ２つ答える

考え方 ●関西国際空港は、大阪湾に人工的につくられた島にある。人工島以外の土地
に空港をつくる場合の問題点を考えてみよう。

①大阪周辺は人口が密集しているため、広い土地が得られない

②都市の近くに空港があると、騒音や振動などの被害が問題となる

③大きい音が出るため、夜遅い時間には発着できない

このような問題点を、人工島につくる利点に置きかえればよい。

●同じような立地の空港には、名古屋に近い中部国際空港、東京に近い東京国
際空港（羽田空港）がある。反対に成田国際空港は内陸にあるため、騒音や
振動の苦情や、24時間利用できないなどの問題点がある。

解答例

・離着陸に必要な広い用地を確保しやすい。

・まわりが海なので、騒音や振動の心配がない。

（・まわりが海なので、24時間利用できる。）

採点の
ポイント

①広い土地が得られる

②騒音や振動などが問題になりにくい

③24時間の離着陸ができる

これらの内容から２つ書かれていれば○。

---

**5** ▶ 問題は43ページ

答えること 円高が日本の貿易にあたえる(1)良い影響、(2)悪い影響

条件 それぞれ10字以内

考え方 ●貿易品の取り引きはふつうドルで行われている。

たとえば、１ドル＝110円が円高で１ドル＝100円になったとすると、

①１ドルの輸入品は、110円だったものが100円で買えることになる

②110円の輸出品は、１ドルでは10円分足りなくなる

このようなことがおこる。円高になると、ドルで値段のついた輸入品は日本

にとって安く買えるようになるが、日本円で値段のついた輸出品は外国にとって高くなってしまう。

**解答例**

(1)輸入品が安く買える。（10字）
(2)輸出がしにくくなる。（10字）

**採点のポイント**

(1)では輸入について「安くなる」「しやすくなる」「有利になる」ことが書いてあれば○。

(2)では輸出について「高くなる」「しにくくなる」「不利になる」ことが書いてあれば○。

---

**6** ▶ 問題は43ページ

**答えること** 円高が進むとどのような工業にどのような影響があるか

**考え方** ●5で考えたことをふまえ、円高と加工工業との関係を考える。

　　①原材料は安く輸入できる。
　　②製品の値段が上がり、輸出しにくい。
　　利益となる製品が売れないので、工業への打撃が考えられる。
●輸出にまわす割合が高い工業としては自動車工業などが考えられる。

**解答例**

製品の多くが輸出にまわされる自動車工業などでは、円高が進むと輸出品の値段が上がり、売れ行きが悪くなってしまう。

**採点のポイント**

①輸出品の値段が上がり、売れ行きが悪くなること
②輸出にまわす割合が高い自動車工業、機械工業など
以上にふれて説明していれば○。

---

**7** ▶ 問題は43ページ

**答えること** 鉄道貨物輸送の利点

**条件** ①SDGsの目標7と13のマークとそこに書かれている文言、および、鉄道とトラックの写真を参考にする

　　②75字以内

**考え方** ●2つのSDGsのマークからは、それぞれ以下の文言が読み取れる。

　　①目標7：「エネルギーをみんなに　そしてクリーンに」
　　②目標13：「気候変動に具体的な対策を」
　　→これらの文言から、気候変動の対策となるようなエネルギーの活用方法を考える。

記述問題の書き方 演習問題 考え方と解答例

●鉄道とトラックについて、気候変動の対策となるようなエネルギーの活用方法という視点から比べると、

①鉄道は、時間が正確で渋滞などの心配も少ないうえ、一度に運べる貨物の量が多いことから、エネルギー効率が良い。

②鉄道に使われるエネルギーである電力は、化石燃料以外のエネルギー源からももたらされるため、おもに化石燃料を用いるトラックと比べて、同じ貨物の輸送量における温室効果ガスの排出量は相対的に少なくなる。その分、地球温暖化にあたえる影響も小さくなる。

ということが考えられる。

**解答例**

大量輸送ができ、また、エネルギー効率も良い鉄道貨物輸送は、トラックなど他の交通機関に比べて温室効果ガスの排出量が少なく、気候変動に与える影響が小さい。（75字）

**採点のポイント**

①SDGsの目標7と13をふまえた内容になっている
②トラックと比べた場合の鉄道貨物輸送の利点が書かれている
以上の条件を満たしていれば〇。

# ❼ 政治・法制史

## 1 ▶ 問題は44ページ

**答えること** 十七条の憲法がつくられた目的

**考え方** ●十七条の憲法はどのような人びとを対象に出されたのかを考える。
●この憲法は、現在の憲法のような国の政治のあり方を決めるきまりではなく、役人としての道徳的な心がまえが示されていたことを思い出す。

**解答例**

役人である豪族の心がまえを示す目的。

**採点のポイント**

①対象が役人であること
②心がまえが示されていたこと
以上についてふれていれば〇。

## 2 ▶ 問題は44ページ

**答えること** 藤原氏が摂政や関白の位につくことができた理由

**考え方** ●摂政や関白の位というのはどのような地位であるかを考える。

35

# 考え方と解答例

①摂政は、天皇が幼児や女性であったり、病身であったりして実際の政務をとれない場合、その仕事を天皇に代わって行う地位である。

②関白は、成人の天皇の仕事を補佐する地位である。

●このことから、摂政や関白（とくに摂政）においては、天皇家ととくに近い関係にある者がその地位につくと考えられる。藤原氏の祖は、大化の改新で活躍した中臣鎌足で、もともと天皇家には近い関係にあった。藤原氏は自分の娘を天皇の后にし、自分は産まれた皇子の外祖父（母方の祖父）として、力を強めていったのである。

 **解答例**

天皇に嫁いだ娘の子を天皇にして天皇の外戚になったから。

 **採点のポイント**

①藤原氏が娘を天皇の后にしたこと（天皇に嫁がせたこと）にふれている

②（嫁がせた結果）藤原氏が天皇家とどのような関係にあったかが説明できている

以上の条件を満たしていれば○。

天皇家との関係については、外祖父（母方の祖父）や外戚（母方の親戚）という語句を使うとまとめやすい。

---

**3** ▶ 問題は44ページ

**答えること** 貴族たちは、はなやかな生活を支える費用をどのようにして得ていたか

**条件** 2つ答える

**考え方**
●「寝殿造の屋敷に暮らす」というところから、この貴族とは平安時代の貴族であると考えられる。

●はなやかな生活ができる貴族ともなれば、朝廷でそれなりの高い地位についている。そうであれば、当然それなりの収入を得ていた。

●平安時代になると、各地の荘園領主が国司との対立を避けるために、有力貴族に荘園を寄進して貴族の保護を得た。貴族の私有地となった荘園からは、当然それなりの見返りがあった。

**解答例**

・朝廷から、その地位や役職に応じた収入を得ていた。
・貴族が所有する荘園から、年貢として収入を得ていた。

**採点のポイント**
①役人としての給料
②私有地からの収入

以上にふれて説明していれば○。

**4** ▶ 問題は44ページ

**答えること** 1185年に鎌倉幕府が成立したといわれる理由となるできごと

**条件** 25字以内

**考え方** ●1192年は源頼朝が征夷大将軍になった年であり、形式的に幕府の成立した年である。しかし、実質的には鎌倉幕府はそれ以前から機能しており、全国をほぼ支配していたのである。そのような全国を支配する力を得たのが1185年である。
●1185年に何があったかを思い出し、鎌倉幕府の支配権と結びつけて考える。

**解答例** 守護・地頭の設置が朝廷によって認められたこと。（23字）

**採点のポイント** ①守護・地頭が設置されたことが書かれている
②25字以内
以上の条件を満たしていれば○。

**5** ▶ 問題は44ページ

**答えること** 刀狩令の本当の目的

**条件** ①□□□□にあてはまる形にする　②15字以内

**考え方** ●戦国大名の敵は、自分たちと同じ戦国大名だけではなかった。つまり、この時代は各地で一揆がおこり、戦国大名は農民たちとも戦っていたということを思い出す。
●農民が一揆をおこすには、自分たちの要求を通すための武力が必要である。

**解答例** 農民に一揆をおこさせない（12字）

**採点のポイント** ①「農民（百姓）の一揆を防ぐ」という内容である
②史料中の□□□□の前後とつながるように、15字以内で書かれている（前後の文とつながるようにするには、句点（。）はつけてはいけない）
以上の条件を満たしていれば○。

**6** ▶ 問題は45ページ

**答えること** 江戸幕府の元禄時代の政治の行い方

**条件** ①「武力」と「儒教」という語句を使う
②3代将軍のころまでの行い方と対比する

# 考え方と解答例

**考え方**
- 「武力」と「儒教」という語句から、どのようなことが考えられるかを整理する。「武力」は大名たちをおさえつける実質的な力であり、「儒教」は大名たちの行動そのものを変える思想である。
- 3代将軍家光のころまでは武断政治であり、改易や減封といった実力行使で大名をおさえつけていた。その政治手法と比較して考える。元禄時代、5代将軍綱吉以降の政治を、武断政治に対して文治政治という。

※家光による武家諸法度が「文武弓馬の道、専ら相嗜むべき事」となっていたのに対し、綱吉による武家諸法度では「文武忠孝をはげまし、礼儀を正すべき事」と改められている。このことからも政治姿勢のちがいがわかる。

**解答例**

幕府の力が安定していない家光のころまでは、武力によって大名を治めていた。それに対し、幕府の力が安定した元禄時代には、儒教を中心とする学問によって治めようとした。

**採点のポイント**
①3代将軍のころまでの政治を「武力」という語句を使って説明している
②元禄時代の政治を「儒教」という語句を使って説明している
③　①と②を比較している
以上の条件を満たしていれば○。

---

**7** ▶ 問題は45ページ

**答えること** 江戸幕府が川に橋をかけさせなかった理由

**条件** 「大名」という語句を使う

**考え方**
- 「五街道を整備する一方で」という点に注意。五街道を整備したのは、参勤交代などで江戸に向かう大名や武士に便宜をはかるためである。
- 五街道の整備などで交通の便をよくする一方で、川に橋をかけなかったのはなぜかを考える。川に橋がかかっていない場合、歩いて渡るか渡し船を使うことになり、交通上の障害となる。幕府といえども、他の大名からの攻撃には備えなければならない。このような障害を設けたことは、大軍の攻撃から江戸の町を守るという意図もあった。

**解答例**

幕府に敵対する大名の攻撃から、江戸の町を守るため。

**採点のポイント**
①「大名」という語句を使っている
②江戸を大名の攻撃から守るという内容がある
以上の条件を満たしていれば○。

**8**　▶ 問題は45ページ

答えること　廃藩置県の具体的な内容

条件　中央集権となったことがわかるように説明する

考え方　●「中央集権となったことがわかるように」とあるので、それまではちがったしくみだった。それまでとのちがいをふまえて廃藩置県の内容を説明すればよい。

①中央集権とは、できるだけ多くの権力を中央の政府がもつようにすることである。

②幕藩体制とよばれる江戸時代の政治は、全体としては幕府が治めるが、地方はそれぞれ大名が治める形をとっていた。

③明治新政府は、天皇を中心とする中央政府が国全体を治めるという形をとろうとしていた。

④版籍奉還、廃藩置県と、段階を経て、中央政府の力が及ぶようにした。

●これらをふまえ、版籍奉還と廃藩置県に関する知識を使って文章にまとめる。

解答例　大名が務めた知藩事をなくし、政府が任命した役人に府県を治めさせた。

採点のポイント　版籍奉還・廃藩置県という2つの用語に関する知識を使って、版籍奉還→廃藩置県という流れで、国を治めるしくみを整えていくように書けていれば○。

**9**　▶ 問題は45ページ

答えること　士族が不満に思った明治政府の政策

条件　①2つの政策を説明　②20字以上30字以内

考え方　●どのようなことに、士族が不満を持ったかを考える。

①それまで持っていた特権がうばわれたこと（四民平等や廃刀令など）

②士族としての仕事がなくなり、生活が苦しくなったこと（徴兵令や廃藩など）

●①②どちらも、武士としての身分を失うことでおこった。江戸時代、武士という身分はどのような特権を持ちどのような立場であったかを思い出し、それを失うことになった政策を考える。

解答例　四民平等や徴兵令によって武士の特権的な身分が失われたこと。（29字）

採点のポイント　①2つの政策にふれており、特権を失ったことが書かれている
②20字以上30字以内
以上の条件を満たしていれば○。

# 考え方と解答例

▶ 問題は46ページ

## ⑧ 社会・経済史

**1**

▶ 問題は46ページ

**答えること** 石包丁の使われ方

**条件** 15字以内

**考え方** ●「農具として」という部分に注意を向け、包丁（ものを切る道具）を使う農作業を思いうかべる。

●どのように使われていたかという点に注意して答える。

**解答例** 稲穂を刈り取るために使われた。（15字）

**採点の
ポイント** ①稲穂を刈ることが書かれている

②15字以内

以上の条件を満たしていれば○。

**2**

▶ 問題は46ページ

**答えること** 米作りの開始によって、人びとの生活や社会はどのように変化したか

**条件** ①「指導者」「むら」「くに」「貧富の差」という語句を使う

②120字以内。句読点も1字に数える

**考え方** ●米作りが集団作業であることを考える。集団作業である以上、集団を指導する者が必要になる。

●米を作るためには、米作りに適した土地が必要である。また、たくさんの水も必要である。これらのものが手に入りにくい集団は、どのような行動に出るかを考える。

●米は保存のできる食料であるということを考える。

**解答例** 米作りが始まると人びとは集団で耕作を行うようになり、より大きなむらができた。その中で蓄えの差から貧富の差が生まれ、むらをまとめる指導者が現れたことから身分の差も出てきた。やがて、むらどうしの争いの中から小さなくにが生まれていった。（115字）

**採点の
ポイント** ①指定語句がすべて使用されていること

②指定語句の使われ方が適切であること（文脈の中で適切な箇所に使われていること）

③変化として、「むらどうしの争いからくにができる」「蓄えの差から貧富の差

ができる」「指導者が登場して身分の差が生まれる」などの方向性がある
①②の条件を満たしたうえで、文章全体が③の変化にそった意味の通るもので
あれば○。

**3** ▶ 問題は46ページ

| 答えること | 大化の改新で土地や人びとの支配のしかたはどうなったか |
|---|---|
| 条　件 | 20字以内 |
| 考え方 | 大化の改新で行われたことがらを思い出してみる。 |

そのうえで、土地と人びととの支配が大きく変化する原因となった政策（公地公
民）を選び、その内容を説明する。

**解答例**

**土地と人民を国が支配するようになった。（19字）**

**採点の
ポイント**
①公地公民の意味が書かれている
②20字以内
以上の条件を満たしていれば○。

**4** ▶ 問題は47ページ

| 答えること | 墾田永年私財法を制定した目的と内容 |
|---|---|
| 条　件 | ①目的と内容の両方を説明 |
| | ②30字以上50字以内 |
| 考え方 | ●墾田永年私財法は、開墾した耕地の永久私有を認めた法律である。 |

●なぜ、耕地の永久私有を認めてまで開墾を進めたのかを考える。耕地の不足
が深刻で、三世一身の法（三代までは私有できるがそのあとは返還する）を
出しても、開墾が進まなかったという背景を思い出すとよい。

**解答例**

**開墾を進め耕地を増やす目的で、開墾した土地の私有を認める墾田
永年私財法が制定された。（42字）**

**採点の
ポイント**
①目的は、口分田を増やして税収を確保することにふれている
②内容は、開墾した土地の私有を認めるということにふれている
③30字以上50字以内
以上の条件を満たしていれば○。

# 考え方と解答例

**5** ▶ 問題は47ページ

**答えること** 元寇以降、御家人の生活が苦しくなった理由

**条 件** 「警備」「借金」「恩賞」という語句を1回ずつ使う

**考え方** ●鎌倉時代の御家人は、どのようにして生活の資金を得ていたのかを考える。

①御家人にとって、御恩とよばれる恩賞は生活する資金を稼ぐための重要なものであった。

②恩賞は、おもに土地であたえられた。土地であたえられるということは、荘園の地頭に任命されることでもあった。

●仮に、戦いで勝利しても相手は外国であった。土地を得ることができなければ、恩賞はほとんどあたえられない。その結果、御家人はどのような状態に置かれるかを考える。

**解答例**

元軍の再来に備えて警備につかねばならず、恩賞も不十分であり、借金で苦しむようになったから。

**採点の ポイント** ①指定された語句を1回ずつ、正しい文脈で使用しているか

文脈として考えられるものは以下のとおり

・警備…元寇のあとも北九州の警備についたこと

・借金…元寇のためにした借金（で生活が苦しい／が返せない）

・恩賞…（元寇で幕府のために戦ったにもかかわらず）恩賞がなかった

②御家人の生活が苦しくなった理由が説明できていること

以上の条件を満たしていれば○。

**6** ▶ 問題は47ページ

**答えること** 室町時代の社会にはどのような動きがあったか

**条 件** ①「寄合」「村おきて」「一揆」などの語句から考える　②15字以内

**考え方** ●寄合、村おきて、一揆などの語句はどのような意味を持っているかを考える。

①寄合は村の合議機関であり、村おきては村の人びとが守るべききまりのことである。

②一揆は、村人共通の目的を達成するために結ばれたもののことである。共通の目的とは、支配者の圧政に対して結ばれたものが多い。

●このようなことから、室町時代の社会では農民などが自治的な集団（惣）を結成し、支配者に対して抵抗していたことがわかる。

**解答例**

農民が村の自治を行い始めた。（14字）

（採点のポイント）①３つの語句の意味からわかる農村の変化を、「自治」という語句を使って説明する

②15字以内

以上の条件を満たしていれば○。

**7** ▶ 問題は47ページ

（答えること）太閤検地が農民の権利や責任や身分にあたえた影響

（考え方）●太閤検地がどのようなものであったかということを思い出す。以下が太閤検地の要点である。

　①太閤検地は全国的に行われた検地であった。

　②土地の面積、良し悪し、収穫高を調査した。

　③耕地の所有者を定めて検地帳に登録した。

　④収穫高に応じて、検地帳に記入された所有者に租税を負担させた。

●「権利」「責任」「身分」に分けて考える。

（解答例）農民は土地を所有する権利を得たが、租税を負担する責任を負ったために土地から離れることができなくなり、農民の身分が固定された。

（採点のポイント）①「権利」について、土地を所有する権利を得たこと

②「責任や身分」について、租税（税・年貢）を納める責任ができ、身分が固定されたこと

以上にふれて説明していれば○。

**8** ▶ 問題は48ページ

（答えること）江戸時代のいくつかの百姓一揆が多発した時期に共通する、多発した理由

（条件）10字以内

（考え方）●江戸時代の農民が何を負担に感じていたかを考える。それは毎年納めなくてはならない年貢である。

●負担がとくに重くなるのは、凶作で米がとれない年である。

●10字以内なので、簡潔に説明する。

（解答例）凶作やききんのため。（10字）

（採点のポイント）①凶作とききんのどちらかにふれていればよい

# 考え方と解答例

（例「ききんが発生したから。」「凶作だったため。」）

②10字以内

以上の条件を満たしていれば○。

## 9 ▶ 問題は48ページ

**答えること** 江戸時代の物資の輸送に水上輸送が多く利用された理由

**考え方**
- 江戸時代の物資輸送手段にはどのようなものがあるかを考える。
- 江戸時代の陸上輸送手段と水上輸送手段を、とくに「物資の輸送における利点」という点で比較してみる。

**解答例**

**水上輸送は陸上輸送と比べて一度に大量の物資を輸送できるから。**

**採点のポイント** 水上輸送は陸上輸送よりも一度にたくさんの物資を運べることが説明できていれば○。

物資輸送がテーマなので、人を運ぶことについてはふれない。

## 10 ▶ 問題は48ページ

**答えること** ①備中ぐわ、②千歯こき、③唐みの用途

**条件** 3つの農具を別々に説明

**考え方**
- それぞれの道具の形を思い出して、その使い方を整理しよう。
  - ①備中ぐわ　…くわの一種で、田を耕すのに使う。刃先が分かれた形をしているので、より深く耕せるのが特色。
  - ②千歯こき　…千歯というのは、くしのような歯がたくさんついている形からきた名。脱穀に使う。
  - ③唐み　…風の力を使って、もみ殻などをふきとばして米を選別するために使う。
- 「何のために使用したものですか」とあるので、文末を「〜ため」でおさめる。

**解答例**

**（備中ぐわ）田畑を深く耕すため。**
**（千歯こき）脱穀を効率よく行うため。**
**（唐み）風を送って米とモミがらをより分けるため。**

**採点のポイント** （備中ぐわ）耕す、（千歯こき）脱穀、（唐み）モミがらをより分ける

以上のことが書かれていれば○。

## 11
▶ 問題は48ページ

**答えること** 幕末、貿易の開始によって国内の経済にどのような混乱がおきたか。

**考え方** ●貿易の開始によって、輸出品が必要になったという点を考える。
→鎖国時代の日本は、国内で生産されるものは国内の消費にまわされていた。そのような状態で、輸出にまわすものが必要になると、国内では品不足がおこる可能性がある。
●また、金と銀の交換比率が日本と外国とで異なったために、日本の金が海外に流出してしまうという事態もおきた。

**解答例** 今まで、国内で消費されていた分が輸出にまわされたため、品不足がおこり、その結果として物価が上昇した。

**採点のポイント** 国内の品不足という点にふれて説明できていれば○。

## 12
▶ 問題は48ページ

**答えること** 第一次世界大戦をさかいに、日本の海運業が発展した理由。

**考え方** ●「第一次世界大戦をさかいに」とあるので、国内の事情ではなく、外国とのかかわりと密接に結びついていると考える。
●第一次世界大戦に、日本はどのようなかたちでかかわったかを考える。
①ヨーロッパがおもな戦場となった
②ヨーロッパの国ぐにに代わり、日本への工業製品の注文が増えた
●第一次世界大戦以前、どのような国が海運業の主役だったかを考える。

**解答例** 戦場となったヨーロッパの国ぐにが工業製品を輸出できなくなったため、日本はアジア諸国への輸出をのばし、それにともなって海運業への需要が高まったから。

**採点のポイント** ①ヨーロッパに代わって、工業製品の注文が日本に来たこと
② ①と海運業との関係
以上が説明できていれば○。

## 13
▶ 問題は49ページ

**答えること** 第一次世界大戦中の好景気の中で、生活に困る人がいた理由

**考え方** ●どのような人がこの好景気で利益を得たかを考える。また、それがほんの一部の人だったことにも目を向ける。

# 考え方と解答例

●好景気になるということは、物価も上昇することになる。

→物価が上昇することによって、生活が苦しくなるのはどのような人びとか。
（現代にもこのような状況はありうる。国全体としては景気がよく経済が上向きであっても、それが収入に反映されない大多数の人にとっては生活が苦しくなるだけである。）

**解答例**

大戦中の好景気で、物価、とくに米の価格が上昇したが、労働者の賃金の上昇がそれに追いつかなかったため。

**採点のポイント**

①好景気だと物価が上昇すること
②賃金が上がらない人は生活が苦しくなること
以上にふれて説明していれば○。

---

## 14 ▶ 問題は49ページ

**答えること** 農地改革とはどのような改革か

**考え方**

●戦前の農民の多くは小作農であった。全国の耕地の多くは地主の支配下にあった。

↓

農民が自作農になると生産意欲が高まる。そのため、戦後、政府が地主の土地を買い上げ小作人に安く売り渡した。これは戦後の食糧難の対策ともなっていた。

●農地改革は財閥解体とならんで、戦後の経済民主化の柱であった。

**解答例**

政府が地主から土地を買い上げ、安い値段で農民に売り渡すことで、多くの小作農を自作農にした。

**採点のポイント**

①農地改革の具体的な方法について、地主の土地を買い上げ小作人に安く売り渡すことが説明できている
②農地改革の目的について、自作農を増やす（農村を民主化する）ということが説明できている
以上の条件を満たしていれば○。

---

## 15 ▶ 問題は49ページ

**答えること** 江戸時代と明治時代の授業のちがい

**条件** 江戸時代と明治時代のそれぞれの時代の学習風景を描いた図を見る

考え方
●江戸時代の学習風景を描いた図からは、
　①子どもたちは、いろいろな方向を向いて座っている
　②子どもたちは、一人ひとり異なる学び方をしている
　③先生は、それぞれの子どもたちのようすを見ながら授業をしている
　ということが読み取れる。
●明治時代の学習風景を描いた図からは、
　①子どもたちは、みな同じ方向を向いて座っている
　②子どもたちは、同じ授業を同じように受けている
　③先生は、一つの教材（掛け軸）を使ってすべての子どもたちに一斉に授業
　　をしている
　ということが読み取れる。
●2つの図から読み取れたことを、時代による変化として、そのちがいがわか
　るようにまとめていく。

解答例

寺子屋では一人ひとり異なる教材で個別指導による学習が行われて
いたのに対して、明治時代になると教師が一つの教材で全員に対し
て同じ内容を教える授業方法に変わった。

採点の
ポイント
2つの図から読み取れたことをふまえて、江戸時代と明治時代の学習のようす
のちがいがわかるように書けていれば○。

# ❾ 外交史

　▶ 問題は50ページ

答えること
隋への国書で、聖徳太子は隋とどのような関係になることを目的としたか

条　件
資料をふまえる

考え方
●資料中の「日出づる処の天子、書を日没する処の天子にいたす。」が何を意味
　するかを考える。
●聖徳太子以前の日本と中国の関係は、日本が中国に朝貢する（貢物を持って
　いく）という関係であった。日本の王は中国の天子に臣下の礼をとっていた
　のである。

解答例

対等な関係になることを目的とした。

採点の
ポイント
「対等な関係」という点が明確に示されていることが○の条件。

# 考え方と解答例

**2** ▶ 問題は50ページ

**答えること**　①史料文から、中国船とポルトガル船のどちらだと考えられるのか

②どこの船なのかを判断したのは、史料文のどの部分か

**条　件**　①「中国船」と「ポルトガル船」のどちらかに○をつける

②判断した根拠をしめす

**考え方**　●どこの船なのかを判断するための有力な手がかりは、「その姿は日本人と容貌・風貌が似ておらず、言葉は通じない」や「中国の者が一人、名は五峯（倭寇のリーダー）」というところである。

●史料文全体も読み、中国船とポルトガル船のどちらなのかを考える。

**解答例**

（中国船）五峯が倭寇のリーダーであるという記述から、その五峯が自らの船に百人余りの船客を乗せていたと考えられるから。

（ポルトガル船）百人余りの船客は日本人と見た目が似ていないという記述から、船客の大半がアジア人以外の西洋人だと考えられるから。

**採点のポイント**　①中国船とポルトガル船のどちらかに○をつけている。中国船とポルトガル船は、どちらを選んでもかまわない

②史料文のどの部分から国を判断したのかがわかる

③　○をつけた国と、あげた根拠につながりがある

以上の3つの点がおさえられていれば○。

**3** ▶ 問題は51ページ

**答えること**　1950年と2021年の高等学校の教科書のちがい

**条　件**　1950年と2021年の高等学校の教科書の内容の一部をしめした資料を読む

**考え方**　●江戸時代のいわゆる鎖国状態について書かれた、1950年と2021年の高等学校の教科書を比べる。それぞれの教科書からは、以下のことが読み取れる。

①1950年の教科書：海外との交流を断ったこと、幕府が貿易を独占したこと、長崎だけを窓口としたこと、中国とオランダからだけ世界の情報を得ていたこと、文化への影響がほとんどなくなったこと

②2021年の教科書：海外との交流が制限されたこと、幕府が貿易を独占したこと、中国船とオランダ船の来航を長崎だけにしたこと、長崎以外の窓口を通して東アジア世界とは交流を持ったこと、海外からの文化への影響は制限されたこと

●これらのことから、明らかなちがいとして、日本と交流があったとされる相手国や地域にちがいがあることがわかる。

**解答例**

> 中国やオランダだけでなく、朝鮮や琉球、アイヌなどの東アジア世界と交流をもったと変わっている。

**採点のポイント**

いわゆる鎖国状態の江戸時代で、日本と交流をもった国や地域が、1950年の教科書と2021年の教科書でちがいがあることがわかれば○。

---

**4** ▶ 問題は51ページ

**答えること** 幕末の1858年に結ばれた条約が不平等であった点

**条 件** ２つ答える

**考え方**
●不平等とは、日本が相手国に対して不利な条件をおしつけられる場合と、相手国が日本に対して有利な立場に立つ場合とがある。

●1858年の条約とは、アメリカと結んだ日米修好通商条約など、５つの国とそれぞれ結んだ修好通商条約のこと。この条約は、次の２つの面から不平等であった。
①相手国の治外法権を認めた …日本が欧米諸国と対等とは認められていなかった。
②関税自主権がない …外国の商品が安く大量に輸入される可能性があるということで、日本の産業の発展にとって大きな障害となった。

**解答例**

> ・相手国に治外法権を認めた。
> （・日本で罪を犯した外国人を日本の法律で裁けなかった。）
> ・日本に関税自主権がなかった。
> （・関税率を日本が自由に決めることができなかった。）

**採点のポイント**

①治外法権（領事裁判権）を外国に対して認めていた点
②日本に関税自主権がなかった点
以上の２つの点についてそれぞれ説明していれば○。

---

**5** ▶ 問題は51ページ

**答えること** 岩倉遣米欧使節団が派遣された目的

**考え方**
●使節が送られたのはヨーロッパ諸国やアメリカであった。
①ヨーロッパ諸国やアメリカは当時の先進国であり、日本は発展途上国であった。

# 考え方と解答例

②アメリカやヨーロッパの数か国との間で、日本は外交上の問題をかかえていた。

●明治(めいじ)時代に入ったばかりの日本にとって、欧米(おうべい)へ大規模(きぼ)な使節団を送るほどの重要な問題とは何だったのかを、前後の歴史を思い出しながら考える。

**解答例**

幕末(ばくまつ)に結ばれた不平等条約の改正について交渉(こうしょう)する目的。
(欧米の進んだ産業や政治制度などの視察(しさつ)をする目的。)

**採点のポイント**

複数の解答が考えられるが、以下のいずれか1つにふれていれば○。
①条約改正の(予備)交渉
②欧米の進んだ産業の視察
③欧米の政治制度や法律(ほうりつ)の視察

---

**6** ▶ 問題は51ページ

**答えること** 日本が国際連盟(れんめい)を脱退(だったい)した理由

**考え方**
●日本が国際連盟を脱退したのは1933年である。その前年の1932年には満州国(まんしゅう)が成立している。さらにその前年、1931年には柳条湖事件(りゅうじょうこ)に端(たん)を発する満州事変がおこっている。このことと関連づけて考える。
●国際連盟を脱退するということは、国際連盟のくだした決定が日本の利益と反するものであったと考えることができる。国際連盟は、満州に対する中国の主権(しゅけん)を確認(かくにん)し、認(みと)めたのである。

**解答例**

国際連盟総会で、満州国の主権は中国にあるということが承認(しょうにん)されたから。

**採点のポイント**

①満州国についてふれていること
②「満州国に対する中国の主権が承認された」「(日本の)満州国建国は認められなかった」のいずれかの方向性で書かれていること
以上の条件を満たしていれば○。

---

# ⑩ 文化・宗教史(しゅうきょう)

**1** ▶ 問題は52ページ

**答えること** 岩宿遺跡(いわじゅくいせき)の発見によって証明されたこと

**条件** 10字以内

**考え方**
●岩宿では、土器をともなわない地層から、明らかに人の手が加わった打製石器が発見された。このことから、土器が使われる以前から現在の日本列島には人が住んでいたこと、すなわち先土器時代（旧石器時代）があったことが証明された。
●10字以内なので簡潔にまとめる。解答例のように文末を「〜の存在。」とすることで簡潔に示すことができる。

**解答例**
先土器時代の存在。（9字）

**採点のポイント**
①先土器時代（旧石器時代）の存在が証明されたということが書いてある
②10字以内
以上の条件を満たしていれば○。

**2** ▶ 問題は52ページ

**答えること** 大仏をつくった目的
**条件** その時代の状況をふまえる
**考え方**
●聖武天皇が治めていたころ、都やその周辺はどのような状況だったかを考える。
●大仏をつくるということには、どのような意味があるのかを考える。信仰心のあらわれ以外に、どのような目的があったのか。
●奈良時代の仏教は、国をまもるための仏教であり、政治や社会の不安を仏教の力でしずめようとした。

**解答例**
当時、疫病の流行や災害の多発、政治の不安定さなどから社会不安が大きくなったため、大仏を建立してそのような不安をとりのぞこうとした。

**採点のポイント**
①当時は（政治上の争いや伝染病などで）世の中が不安定だったこと
②大仏によってそうした不安をしずめようとした
①②にふれて説明していれば○。2つをまとめて表現していても、要素として両方がふくまれていれば○となる。

**3** ▶ 問題は52ページ

**答えること** 正倉院に資料のようなさまざまな国の品物がある理由
**条件** ①資料(写真)をふまえる ②「シルクロード」「遣唐使」という語句を使う

# 考え方と解答例

●写真は左から「紺瑠璃杯」(ヨーロッパ・西アジア)、「伎楽面」(中央・南アジア)、「五弦琵琶」(西・南アジア)。

●ギリシャやペルシャの品々はシルクロードを通って中国まではやってきたが、その後はどうやって日本にまで伝来したのかを考える。

●「遣唐使」という用語から、日本から唐に渡った留学生が帰国する際に、ギリシャやペルシャの品々を持ち帰ったのだと推測できる。

**解答例**

ギリシャやペルシャの品物がシルクロードを通って中国に渡り、それらの品物が遣唐使の手によって日本に伝えられたから。

**採点のポイント**

①西アジアやヨーロッパの品物が日本に来た経路(ギリシャやペルシャ→「シルクロード」→中国→「遣唐使」→日本)が明らかになっている

②「シルクロード」「遣唐使」という語句を正しく使っている

以上の条件を満たしていれば○。

---

## 4 ▶ 問題は52ページ

**答えること** 唐がおとろえはじめたころ、日本ではどんな特色の文化をつくったか

**条件** 例をあげる

**考え方**

●唐がおとろえる以前(遣唐使がさかんに送られていたころ)、日本は唐から文化や政治制度など、さまざまなことがらを学んでいた。

●唐のおとろえとともに(遣唐使が停止されたころ)、日本は唐から学んだ文化や制度などを日本風に変え、日本独自の文化を形成していった。(国風文化)

●日本独自の文化を中心になって担ったのは、都の貴族たちであり、華やかな貴族文化が開花した。また、かな文字もようやく使われるようになり、日本独自の文化の発展に大きな影響をあたえた。

**解答例**

かな文字を使った文学作品や大和絵、寝殿造の屋敷など、日本独特の優雅で華やかな文化をつくった。

**採点のポイント**

①具体例をあげて、平安時代の国風文化の特色を説明していること

②具体例は、解答例にあげられているもののほか、物語や随筆、和歌、十二単などの衣服などでもよい

③特色は「華やか」「優雅」「貴族の」などのいずれかを使うとよい

以上の条件を満たしていれば○。

**5** ▶ 問題は53ページ

**答えること**　平安時代、かな文字によって多くのすぐれた文学作品がつくられた理由

**考え方**　●かな文字が使われる以前は、漢字を使って日本語を表していたことを考える。
　　①外国の文字である漢字は、日本語を表現するのには十分ではなかった
　　②そのため、日本語を表現しやすいかな文字が、漢字から生み出された
　　　→かなは「日本語を表現するのに適している」ということがいえる。
　●漢字は男文字といい、かなは女文字という。かな文字が広く使われるように
　なった平安時代でも、公の文書は漢字で書かれていた。また、平安時代の文
　学作品の作者がほとんど女性なのも、かな文字が女文字だからといえる。

**解答例**
かな文字は漢字と異なり日本語をそのまま表現することができる。そ
のため、感情表現にすぐれ、随筆や物語などを表すのに適していた
から。

**採点の
ポイント**　日本語を表現しやすいというかな文字の特色にふれて説明していれば○。

**6** ▶ 問題は53ページ

**答えること**　織田信長がキリスト教を保護した理由

**条件**　①信長が宣教師たちのもたらした西洋の文物に興味を持ったということ以外の
　理由を書く　②15字以内

**考え方**　●キリスト教を保護することで仏教との関係はどうなるのかに目を向ける。
　●この当時、信長と仏教との関係はどうだったかを考える。たとえば、一向一
　揆との関係や、比叡山の焼き討ちなど。
　●南蛮貿易による利益は、「西洋の文物」の一部なのでここでは正解の要素とは
　ならない。

**解答例**
仏教勢力と対抗させるため。（13字）

**採点の
ポイント**　①「仏教勢力と対抗させる」「仏教勢力をおさえる」など信長と仏教勢力との関
　係にふれている
　②15字以内
　以上の条件を満たしていれば○。

**7** ▶ 問題は53ページ

**答えること**　江戸幕府がキリスト教を禁止した理由

# 考え方と解答例

**考え方**
- 幕府は、キリスト教のどのような点を問題としたのかを考える。
- 島原・天草一揆はキリスト教徒が中心になっておこした一揆であった。
- 豊臣秀吉が、バテレン追放令を出しキリスト教徒を弾圧したのは、キリスト教徒の団結が秀吉の政治を阻害するおそれがあったからである。徳川家康は最初はキリスト教に寛大な態度をとったが、やがて、秀吉と同じ理由からキリスト教の禁止にふみ切った。

**解答例**

神の教えを絶対とするキリシタンの強い信仰と団結が、身分制度に基礎をおく幕府の絶対的な支配と対立するから。

**採点のポイント**
キリスト教の教えが幕府の政策や支配のしかたとは相容れなかったということにふれていれば○。
宗教で結びついた民衆の団結力をおそれたことを書いていてもよいが、それだけでは正解とはならない。

---

## 8 ▶ 問題は53ページ

**答えること** 鎖国が江戸時代の日本にあたえた影響

**条件** 良かった点と悪かった点をあげる

**考え方**
- 鎖国は、日本の社会にとって良かった点もあれば悪かった点もある。どのような点で良かったか、あるいは悪かったかを考える。
- 外国との交渉がないということは、外国からの影響を受けないということであり、世の中は安定し、独自の文化も発展する。
- 外国との交渉がないということは、世界各国のさまざまな文化や政治制度、産業の発展から取り残されるということであり、世界から孤立してしまう。

**解答例**

国内の平和が保たれただけでなく、俳句や浮世絵など日本独自の文化が発展した。一方で、産業の発展や政治制度の進歩などで欧米諸国に大きく遅れをとった。

**採点のポイント**
①良かった点…世の中が安定したこと、独自の文化が発展したことなど
②悪かった点…世界の発展から取り残されたこと
以上にふれて説明していれば○。

---

## 9 ▶ 問題は53ページ

**答えること** 杉田玄白や前野良沢がすぐれた医学の知識を持っていた理由

54

| 条　件 | ①情報源の観点から説明　②30字以内 |
|---|---|

**考え方**
- 徳川吉宗は、キリスト教に関係のない漢訳洋書の輸入を許した。このことから、青木昆陽らが蘭学を学び、自然科学を中心に蘭学はしだいに広がっていった。杉田玄白や前野良沢が蘭学者であった点を考える。
- 蘭学を学ぶことは実学（実際に使える学問）を学ぶということであった。そのため、本草学（薬用になる植物を研究する学問）や医学の面において大きな発展があった。そのような流れの中に杉田玄白や前野良沢はいた。

**解答例**
蘭学の発展により外国の医学書を入手できるようになったから。（29字）

**採点のポイント**
①蘭学が発展したこと
②外国の書物が入手できるようになったこと
以上にふれて説明していれば○。

# ❶ 日本国憲法と基本的人権

## 1
▶ 問題は54ページ

**答えること**　大日本帝国憲法はドイツの憲法のどのような点を参考にしたか

**考え方**
- 大日本帝国憲法の大きな特色は天皇が主権を持っていたことである。
- 大日本帝国憲法を起草するにあたり、日本政府はドイツの憲法が君主に大きな力を認めていたことを参考にした。天皇中心の近代国家づくりをしていた日本にとって、最も参考にしやすかったからである。

**解答例**
君主の力が強く認められている点。

**採点のポイント**
君主に大きな力を認めていたということにふれて説明していれば○。
ドイツの憲法について説明する問題なので、「天皇」ではなく、日本の天皇にもドイツの国王のどちらにもあてはまる「君主」という表現を使うことが望ましい。

## 2
▶ 問題は54ページ

**答えること**　大日本帝国憲法と日本国憲法での、天皇の地位や権限のちがい

**条　件**　「大日本帝国憲法では～」「日本国憲法では～」という形で答える

**考え方**
- 大日本帝国憲法では、天皇は「神聖にして侵すべからず」とあり、国を統治する権限を持つ。

# 考え方と解答例

●日本国憲法では、天皇は国の象徴であり、政治に関するいっさいの権限を持たない。

**解答例**

（大日本帝国憲法では）主権者であった。
（日本国憲法では）日本国および日本国民統合の象徴である。

**採点のポイント**

①大日本帝国憲法については、天皇は主権者であること
②日本国憲法については、天皇は象徴であること
以上にふれて説明していれば○。

## 3　▶問題は54ページ

**答えること**　日本国憲法第9条のおもな内容

**条件**　①2つ答える　②それぞれ10字以内

**考え方**　●日本国憲法の条文にそって考える。第9条の条文は穴埋め問題としても頻出するので、おおまかにでよいから頭に入れておこう。
第9条では「国際紛争を解決する手段として、戦争を永久に放棄すること」とそのために、「戦力を持たず、交戦権を認めない」ことを定めている。
●ここから、10字以内で2つの内容をまとめる。

**解答例**

・戦争を放棄する。（8字）
・戦力を持たない。（8字）　（・交戦権を認めない。（9字））

**採点のポイント**

①戦争を放棄すること
②戦力を持たないこと
③交戦権を認めないこと
①と、②③のうちのどちらかで、合わせて2つを説明していれば○。

## 4　▶問題は54ページ

**答えること**　日本が徹底した平和主義をかかげる理由

**条件**　憲法に書かれていることをもとにする

**考え方**　●日本が徹底した平和主義をかかげる理由は、平和主義そのものが定められている第9条ではなく、前文に書かれている。
前文の一文目には「政府の行為によって再び戦争の惨禍がおこることのないように……」と、過去の戦争の反省をふまえていることが書かれている。
●前文は冒頭の一文だけでも覚えておくとよい。できれば4文目の「……排除

する。」までは大体の内容をおさえておこう。

**解答例**

> かつて政府の行為によってひきおこされた戦争を反省し、二度と同じあやまちをくり返さないことを決意したから。

**採点の<br>ポイント**

①過去の戦争の反省にもとづいていること

②同じあやまちをくり返さないこと

以上にふれて説明していれば○。

---

**5** ▶ 問題は55ページ

**答えること** 日照権が侵害する他の人の権利

**条　件** 20字以内

**考え方**
- 日照権は、設問文中にある環境権の一種である。
- 日照権は、建築物の日当たりを確保する権利のことで、近くに新しく建てられる建築物のせいで、著しく日当たりが悪くなるような場合には、高さ・形状などの変更や損害賠償が認められることもある。
- 以上のことがらをふまえ、自分が新しく建築物をつくる側になって考えてみよう。自分の土地なのに、自分の思うように使うことができないという可能性も出てくるということである。
- どのような権利かを問われているので、「〜権利。」でおさめるとわかりやすい。

**解答例**

> 自分の土地に自由に建築物を建てる権利。（19字）

**採点の<br>ポイント**

(他の人が)自分の土地に、建築物を建てたいように建てる権利について説明していれば○。

「自分の土地に」の言いかえとして「私有地に」などもよい。

---

**6** ▶ 問題は55ページ

**答えること** 基本的人権が制限されるのはどのような場合か

**条　件** 表現の自由を例にとる

**考え方**
- 日本国憲法第11条で、基本的人権は「侵すことのできない永久の権利」と定められている一方で、第12条では「国民は、これを濫用してはならないのであって、常に公共の福祉のためにこれを利用する責任を負う。」とある。
- すなわち、公共の福祉に反する場合には、基本的人権が制限される場合もあるということを意味する。

# 考え方と解答例

●表現の自由は、集会、結社、言論、出版などさまざまな範囲におよぶが、その自由が他者の権利を侵害する例を考えて記述する。

**解答例**

個人の体験や思想を自由に書いた出版物が、他者のプライバシーなどの権利を侵害してしまう場合。

**採点のポイント**

①表現の自由の具体例

②　①で述べた自由によって他者の権利が侵害される具体例

以上にふれて説明していれば○。

**7** ▶ 問題は55ページ

**答えること**　日本国憲法の改正手続きがきびしい理由

**考え方**　●手続きが非常にきびしいということは、かんたんには改正できないようになっているということでもある。

●国の最高法規である憲法は、権力者をしばり、国民を守るものである。

**解答例**

憲法は国の最高法規であり国民を守るためのきまりなので、かんたんに改正されないようにして、国民の権利が侵害されることを防いでいるから。

**採点のポイント**

①憲法は最高法規であること

②かんたんに改正されないようにしていること

以上にふれて説明していれば○。

# ⑫ 三権分立・予算・地方自治

**1** ▶ 問題は56ページ

**答えること**　立法・行政・司法の役割を分けている理由

**条件**　「権力」「国民」という語句を使う

**考え方**　●三権の分立はもともとフランスのモンテスキューが、著書『法の精神』の中で主張したもので、これは国家が持つ権力を複数の異なる機関に受け持たせることで互いに抑制させて専制を防ぎ、国民の権利や自由を守るための制度である。

●ここでは「権力」「国民」という語句を使うという指定があるので、これらの語句をどのような文脈で使うかを考える。

**解答例**

国家の権力から、国民の権利や自由を守るため。

**採点の
ポイント**

①国民の自由（権利）を守るということにふれている
②「権力」「国民」という語句を使っている
以上の条件を満たしていれば○。

**2** ▶ 問題は56ページ

**答えること** 国会を国権の最高機関としている理由

**考え方** ●国会は国権のうちの立法権を持つ機関である。行政権を持つ内閣や司法権を持つ裁判所と大きく異なる点は、国会を構成する国会議員が直接選挙で選ばれているということである。
●日本では主権者が国民であることから、国民によって選ばれた代表者からなる国会が最高機関なのだといえる。

**解答例**

主権者である国民が選んだ代表者で構成されている機関だから。

**採点の
ポイント**

①国民が主権者であること
②国会は国民が選んだ代表者で構成されていること
以上にふれて説明していれば○。

**3** ▶ 問題は56ページ

**答えること** 二院制をとっている理由

**条件** 1つ答える

**考え方** ●1つしか議院がなかったら、その議院があやまちをおかしたり、暴走したりしたときにおさえることができない。だから、2つの議院があることでより慎重に議論をすることができる。
●また、日本の場合は2つの議院がどちらも国民の選挙によって選ばれるので、それだけより多くの国民の意見を反映することができるという意見もある。

**解答例**

より慎重な議論や議決を行うため。

**採点の
ポイント**

①より慎重な議論を行うため
②片方の議院の行き過ぎをおさえるため
1つ書きなさいとあるので、①・②のどちらかにふれて説明していれば○。

# 考え方と解答例

**4** ▶ 問題は57ページ

**答えること** 衆議院が参議院よりも国民の意見を反映しやすいと考えられている理由

**考え方**
- 衆議院は、多くの点で参議院に対して優越が認められている。内閣総理大臣の指名、法律の議決、予算の先議権などが代表的な例だろう。
- 衆議院は任期が４年と、参議院に比べて２年も短い。任期満了までつとめたとしても、より頻繁に選挙が行われることになるので、そのぶん国民の意見を反映しやすいといえる。
- さらに、衆議院は参議院と異なり解散がある。実際、衆議院で任期満了までつとめられる例は少なく、多くの場合が任期の途中で解散・総選挙をむかえることになる。それだけ国民の信を問う回数が多いということなのである。

**解答例**

任期が４年と短く、解散があるから。

**採点のポイント**
①任期が短いこと
②解散があること
以上にふれて説明していれば○。

**5** ▶ 問題は57ページ

**答えること** 小選挙区制の短所

**条件** 小選挙区制の選出方法にふれながら説明

**考え方**
- 小選挙区制とはどのようなものかを整理する。
  ①小選挙区制とは１つの選挙区から１人が当選するしくみのことである。
  ②１つの選挙区が、中・大選挙区に比べてせまくなる。
  ③得票数が１位の人しか当選しないので、２位以下の人に投じられた票は死票になる。
  ④二大政党制になりやすく、政治が安定する。その一方で無所属や小さな政党や新党からの当選はむずかしい。
- 上記のような特色から、短所と思われる内容をまとめる。

**解答例**

１つの選挙区から１人しか当選しないので、死票が多くなり、少数意見が反映されにくくなること。

**採点のポイント**
①１つの選挙区から１人だけ当選することが書いてある
② ①の選出方法に関係する短所を説明している。具体的には「死票が多いこと」にふれていればよい
以上の条件を満たしていれば○。

**6** ▶ 問題は57ページ

答えること 1925年の選挙法改正によってどのような人びとに選挙権があたえられたか

考え方 ●日本の選挙権の拡大は、時期ごとにその変遷をおさえておこう。

1889年　直接国税15円以上を納める、25歳以上の男子。

1900年　直接国税10円以上を納める、25歳以上の男子。

1919年　直接国税３円以上を納める、25歳以上の男子。

1925年　25歳以上の男子。

1945年　20歳以上の男女。

2015年　18歳以上の男女。

入試でよく問われるのは、日本国民が最初に選挙権を獲得した1889年、納税額による制限が撤廃された1925年（普通選挙法）、敗戦とGHQによる民主化にともなって婦人参政権が実現した1945年の３つである。ここでは、1925年が問われている。

●記述するときは、年齢・性別を正しく説明することがポイントとなる。

解答例 **25歳以上のすべての男子。**

採点の
ポイント ①25歳以上　②すべての男子

以上にふれて説明していれば○。

**7** ▶ 問題は57ページ

答えること 内閣総理大臣はどのようにして選ばれるか

考え方 ●内閣総理大臣の選ばれ方で最も重要なことは、国会議員の中から指名されるということである。具体的には、衆議院と参議院でそれぞれ多数決を行って指名する人物を決める。衆議院と参議院で異なる人物が指名された場合は、両院協議会を開き、それでも意見が一致しない場合は衆議院の議決が国会の議決となる。

●指名されたら、天皇によって任命される。このような説明の記述では、どのように指名し、どのように任命されるのかを簡潔にまとめよう。

解答例 **国会議員の中から国会の議決によって指名され、天皇によって任命される。**

採点の
ポイント ①国会が国会議員の中から指名する

②天皇が任命する

以上にふれて説明していれば○。

# 考え方と解答例

▶ 問題は57ページ

**8**

**答えること** 三審制が採用されている理由

**考え方**
- 日本では、ひとつの訴訟について3回まで裁判を行うことができ、これを三審制という。第一審の判決に不服があるときに上級の裁判所に新たな判決を求めることを控訴といい、第二審の判決に不服があるときにさらに上級の裁判所に判決を求めることを上告という。
- この制度は、公正かつ慎重に裁判を行い、冤罪などによって人権が侵害されることのないようにするためにある。

**解答例**

審理を慎重に行い、人権を守るため。

**採点のポイント**
①裁判を慎重に行う
②人権を守る
以上にふれて説明していれば○。

▶ 問題は58ページ

**9**

**答えること** 裁判官が判決を出すにあたって注意しなければならないこと

**条件** ①2つ答える　②短文で答える

**考え方**
- 裁判官が判決を出すにあたって注意しなければならないことと問われると、いくらでもあるような気がするかもしれない。しかし、短文で説明できるということは、簡潔に表現できるということでもある。
- このような場合、裁判官について日本国憲法にはどのような条文があったのかを思い出すとよい。具体的には第76条で「すべての裁判官は、その良心に従い独立してその職権を行い、この憲法及び法律にのみ拘束される」とある。この条文から、裁判官が判決を出す際の注意点となりうる内容を2つ導き出す。

**解答例**

・だれの指図も受けず、良心に従って判決を出すこと。
・憲法と法律にのっとって判決を出すこと。

**採点のポイント**
①良心に従う以外はだれにも従わない
②憲法と法律にのっとる
以上にふれて説明していれば○。

## 10 ▶ 問題は58ページ

**答えること**　裁判員制度の利点

**考え方**　●問題文には、裁判員制度の利点については具体例が述べられていないが、問題点については「裁判員の心の負担」などの例があがっている。これと対比して、利点を考える。

●そもそも裁判員制度を導入した目的として、国民が持つ社会一般の価値観や市民感覚を判決に反映させるということがある。それによって市民感覚とずれた判決が出ることを減らせるという考えだ。その他にも、社会全体が裁判に対して親近感を持てるようになることや、国民が参加しやすいようにしくみを整えることで裁判をスピード化するなどのメリットがあるといわれている。

**解答例**　国民の感覚が判決に反映される。

**採点のポイント**　①国民の感覚が判決に反映される

②裁判に対する親近感が持てる

③裁判にかかる時間を短縮できる

などの中から1つ説明できていれば○であるが、最も一般的にあげられる利点である①を答えられるとよりよいだろう。

## 11 ▶ 問題は58ページ

**答えること**　間接税とはどのような税か

**考え方**　●直接税と間接税のちがいを整理する。

①直接税　…負担する人と納める人が同じ税。所得税や法人税など

②間接税　…負担する人と納める人がちがう税。消費税や関税など

●間接税の最も代表的な例である消費税のことを考えてみると、買い物をする際に税を負担するのは消費者だが、税を税務署に納めるのは品物やサービスを売る側である。

**解答例**　税を負担する人と納める人が異なる税のこと。

**採点のポイント**　負担する人と納める人がちがうことが説明できていれば○。

## 12 ▶ 問題は58ページ

**答えること**　インターネット投票についての自分の考え

**条件**　インターネット投票を実施するにあたって考えられる、社会全体に影響をあた

# 考え方と解答例

える問題点にふれる

**考え方** ●インターネット投票を実施するにあたり、社会全体に影響をあたえる問題点
としては、

①有権者の個人情報や、だれがだれに投票したのかといった情報がもれる恐
れがあること

②投票結果などのデータが改ざんされる恐れがあること

③投票のシステムに障害がおきた場合、投票期間中でも復旧までに時間がか
かったり、復旧できずに投票ができなかったりする恐れがあること

④スマートフォンやパソコンを使ってどのような場所からでも投票できるよ
うになると、投票所のように立会人がいないため、だれに投票するかを第
三者に監視されたり干渉されたりする恐れがあること

などが考えられる。

●こうした問題点をふまえたうえで、自分の考えをまとめる。

**解答例**

インターネット投票を導入すれば、投票率向上などのメリットがあ
る。しかし、投票の秘密が守られなかったり、ハッカーによる攻撃
で投票結果が不正に操作されたりする恐れがあるので、私は反対で
ある。

**採点の
ポイント**
①インターネット投票を実施するにあたって考えられる、社会全体に影響をあ
たえる問題点にふれている

② ①をふまえた、インターネット投票についての自分の考えが書かれている

以上の条件を満たしていれば○。

---

## 13 ▶ 問題は59ページ

**答えること** 社会保障費が年々増加している理由

**考え方** ●社会保障費とは何に使われるお金なのかを確認する。

①社会保障費は、国の社会保障制度を支えるために使われるお金である。社
会保障制度の4つの大きな柱は、社会保険・社会福祉・公的扶助・公衆衛
生である。

②日本の社会が高齢化していることにともない、年金保険、健康保険、介護
保険に必要な額は近年増える一方である。にもかかわらず、生まれる子ど
もの数が減っていることから、生産年齢人口も減ってきており、今後も財
源にゆとりが生まれる見こみはない。

●どのような理由で、社会保障費のどの使い道が増えているのかをまとめる。

**解答例**

日本の少子高齢化にともなって、年金や医療にかかるお金が増えているから。

**採点のポイント**

①日本の社会が少子高齢化していること
②年金の支払い額や医療にかかるお金が増えていること

以上にふれて説明していれば○。

---

**14** ▶ 問題は59ページ

**答えること**　憲法改正について、国民の承認が正しく民意を反映するとは限らないと考えられる理由

**条　件**
①憲法第96条の条文を読み取る
②グラフを読み取る
③「有権者」「投票率」「過半数」という語句を使う

**考え方**
●憲法改正は、国民投票において過半数の賛成を得られた場合に承認される。
●グラフ１とグラフ２を見ると、衆議院議員総選挙・参議院議員通常選挙のどちらにおいても、最近の投票率は50％程度と低くなっていることが読み取れる。
●憲法改正の承認に必要な賛成票は有権者の過半数ではなく、投票における過半数であるため、投票率が低くなれば少ない賛成票でも承認される可能性がある。そのような場合には民意を反映しているとは限らないと考えられる。

**解答例**

最近の国政選挙の投票率は60％を下回っている。国民投票でも同様に投票率が低ければ、実際の有権者の過半数の意見を反映していないことが考えられるから。

**採点のポイント**
①「有権者」「投票率」「過半数」という語句を使っている
②（近年、衆議院や参議院の）選挙における投票率が低いこと（下がっている、50％程度であること）にふれている
③国民投票でも投票率が低ければ、有権者の過半数の賛成を実際に得たことにはならない（民意を反映しているとはいえない）ことにふれている

以上の条件を満たしていれば○。

# 考え方と解答例

## ⓭ 日本と世界の結びつき

### 1 ▶ 問題は60ページ

**答えること** コロンブスが生まれたころの世界地図の特色

**条件** 「到達」という語句を使う

**考え方**
● コロンブスは、新大陸を目指してヨーロッパを出発しアメリカ大陸を発見した人物だが、それは15世紀の終わりごろのことである。「コロンブスが生まれたころ」ということは、アメリカ大陸はまだ発見されていなかったころのことだとわかる。

● 「到達」という語句をどのように使うかを考える。「アメリカ大陸」への「到達」という使い方が思いつけるとよい。

**解答例**
ヨーロッパ人がアメリカに到達する前なので、南北のアメリカ大陸が描かれていないこと。

**採点のポイント**
①ヨーロッパ人がアメリカ大陸にまだ到達していなかったことにふれている
②地図の特色として、アメリカ大陸が描かれていないことにふれている
③「到達」という語句を使っている
以上の条件を満たしていれば○。

### 2 ▶ 問題は60ページ

**答えること** 国際連合がつくられた目的

**条件** 15字以内

**考え方**
● 第一次世界大戦後に設立された国際連盟は、第二次世界大戦の勃発を防ぐことができなかった。その理由として、①大国が参加しなかったこと、②採決の方法に問題があったことなどがあげられ、複数の反省点がある。国際連合はそうした反省をふまえて、国際連盟をより拡大・強化した形で設立された。この国際連合には平和と安全を守ることに大きな責任を負う重要な機関として、国際連盟にはなかった安全保障理事会（安保理）が置かれている。

● 15字という短い字数で説明する場合、歴史的な背景や反省点を記述解答にふくめることはできない。このような場合は「目的」のみをいかに簡潔に書くかがポイントとなる。国際連合の設立の目的は、国連憲章の中に「世界の平和と安全を守る」ということばがあるのでこの表現を使いたい。

**解答例**

## 世界の平和と安全を守ること。（14字）

**採点のポイント**

「世界の平和と安全を守る」という目的が書かれていれば○。

「平和」と「安全」の両方がほしい。「守る」の言いかえは「維持する」「保つ」などでもよい。

**3** ▶ 問題は60ページ

**答えること** 国際連合が発足して以降に、加盟国が増えた理由

**考え方** ●第二次世界大戦後に発足した国際連合は、原加盟国51か国であった。

それから現在までの間に加盟国が増えた最も大きな要因は、アジア・アフリカ地域の独立国が増えたことにある。最も大はばに増えたのは1960年代である。1960年はアフリカの年ともいわれ、ヨーロッパの列強に植民地とされていたアフリカの国ぐにが一挙に17か国独立して、国際連合に加盟した。

●現在の国連加盟国数は地域別に、アフリカ、アジア、ヨーロッパ、南北アメリカ、オセアニア、C.I.S諸国（旧ソ連）の順に多くなっている。

**解答例**

## かつて植民地だった地域の多くが独立国となったから。

**採点のポイント**

独立国が増えたことにふれていれば○。

独立した国ぐにが多い地域の例としてアジア・アフリカにふれてもよい。

**4** ▶ 問題は61ページ

**答えること** ユニセフはどんな仕事をしているか

**条件** ①解答らんのことばに続けて説明 ②15字以内

**考え方** ●1946年、戦後のヨーロッパと中国の児童に食料や医薬品、衣類などを緊急提供するために設立されたのが国連国際児童緊急基金で、英語で「United Nations International Children's Emergency Fund」といった。その後、この機関は常設機関となり、国連児童基金（United Nations Children's Fund）と名称を変えたが、略称のUNICEFには今でも国連国際児童緊急基金のころのInternationalのIとEmergencyのEが入ったままになっている。

●現在のユニセフは、おもに開発途上国の児童の生活を助ける活動をしている。その具体的内容である「うえや病気・不幸などから守り」という部分はすでに書かれているので、うえや病気・不幸などから守ることによって、世界の子どもがどうなることを目指しているのかを考えよう。

# 考え方と解答例

**解答例**

（世界の子どもを、うえや病気・不幸などから守り、子どもの）生活
を向上させるための活動。（14字）

**採点の
ポイント**

子どもの生活を向上させることにふれていれば○。

「生活」の言いかえとして「くらし」、「向上させる」の言いかえとして「よくす
る」「幸せにする」などでもよい。

---

**5** ▶ 問題は61ページ

**答えること** カンボジアでの日本のPKO活動の内容

**考え方**
●PKOとは、国連平和維持活動（Peace Keeping Operation）の略である。こ
れらの活動には、大きく分けて、対立する軍隊の引き離しなどを行う活動と、
停戦や選挙の監視などを行ったり戦争で破壊された道路や街を修復したりす
る活動とがある。

●日本が国際貢献のひとつとして、自衛隊を海外に派遣してPKOに参加する
ことを始めたのが、この問題にも書かれている1992年10月からである。平和
主義を三原則のひとつとし、憲法第9条で戦争放棄・戦力の不保持・交戦権
の否認をかかげている日本において、自衛隊を海外に派遣することの是非は
大きな議論となり、国会での議決には二晩かかった。

●日本は、内戦終結後の道路や橋の建設・補修、水や燃料の補給を行うという
ことで、カンボジアへの派遣が行われた。

**解答例**

道路や橋の建設・補修をする活動

**採点の
ポイント**

①道路や橋の建設・補修

②水や燃料の補給

のうちいずれかにふれていれば○。

---

**6** ▶ 問題は61ページ

**答えること** 冷戦とはどのような状態か

**考え方**
●第二次世界大戦後、社会や経済についての考え方のちがいから、アメリカ合
衆国と旧ソビエト連邦との間の対立が表面化した。アメリカ合衆国を中心と
する国ぐにには資本主義陣営、旧ソビエト連邦を中心とする国ぐにには社会主義
陣営として、世界の多くの国ぐにが二手に分かれて対立することになった。こ
の二大国の対立は、軍備拡張競争へと発展し、両国ともとびぬけた軍事力を

持つようになり、核兵器による戦争の危険性も高まった。

●「冷戦（冷たい戦争）」ということばは、直接戦火を交えないことを「冷たい」という表現でたとえている。

●解答らんの広さをふまえると、ある程度くわしく書くことを求められていると推測することができる。

**解答例**

第二次世界大戦後におきた、アメリカ合衆国を中心とする資本主義諸国と旧ソビエト連邦を中心とする社会主義諸国の間の、直接戦火を交えない対立状態。

**採点のポイント**

①アメリカを中心とする資本主義陣営と旧ソ連を中心とする社会主義陣営の対立であることを説明している

②対立はしているが直接戦火を交えない状態であることを説明している

以上の条件を満たしていれば〇。

**7** ▶ 問題は62ページ

**答えること** 拒否権とは何か

**考え方**
●国連の安全保障理事会（安保理）とは、国連憲章によって、国連加盟国により「国際の平和と安全の維持に関する主要な責任」を託されている機関である。そして、国連加盟国は安保理の決定を受け入れ、履行しなければならないとも定められている。

●安保理のメンバーは、常任理事国5か国（アメリカ・イギリス・フランス・ロシア・中国）と非常任理事国10か国（任期2年で毎年半数が改選される）で構成されている。193か国が加盟している国連の中で、この計15か国が世界全体の平和と安全に関するさまざまな意思決定を行うため、非常に重い責任を負っているといえる。

●安全保障理事会の決定は、常任理事国の5か国のうち1か国でも反対すると成立しない。このように、なんらかの決定をしようとするとき、ある国の賛成が不可欠だという場合、これらの国は「拒否権」を持っているという。

**解答例**

常任理事国である、アメリカ・イギリス・フランス・ロシア・中国の5か国が持っている権利のことで、これらの5か国のうち1か国でも反対すると、安全保障理事会の決定ができないというものである。

# 考え方と解答例

**採点の
ポイント**
①常任理事国が持っている権利であることが説明されている
②１か国でも反対したら決定されないという内容が説明されている
以上の条件を満たしていれば○。
常任理事国の５か国の国名はなくてもよい。

**8** ▶ 問題は62ページ

**答えること**　「大切な日本と開発途上国との結びつき」という題の文をつくる

**条　件**　①「青年海外協力隊」「技術」「人材」という語句を使い、下線を引く
②120字以内（句読点も１字と数える）

**考え方**　●「大切な日本と開発途上国との結びつき」という題の文をつくるということ
は、日本と開発途上国との結びつきにおいて大切なことを説明するということ
とである。この結びつきを説明しようとする場合にはさまざまな切り口があ
るが、「青年海外協力隊」「技術」「人材」という指定語句をふまえた場合、日
本が開発途上国に行う援助について述べればよいとわかる。
●開発途上国に対する援助には、資金や物資を送る援助もあるが、技術や技能
を持った人材を派遣したり、逆に相手国の研修生を受け入れたりする援助も
ある。
●青年海外協力隊は、政府開発援助（ＯＤＡ）のひとつとして海外に派遣され
るボランティアである。現地の人びとと生活や仕事をともにしながら、教育
や建築、農業などの分野で活動する。

**解答例**
開発途上国に対しては、もちろん資金や物資の援助も必要だが、青
年海外協力隊のような人的援助を行い、開発途上国にさまざまな技
術を伝え、自立心を持つ人材を育てることこそが日本と開発途上国
との結びつきを深めるうえで、より大切である。（112字）

**採点の
ポイント**
①「青年海外協力隊」「技術」「人材」ということばを使い、タイトルにふさわ
しい内容になっていること
②「青年海外協力隊」を派遣することによる結びつきにふれていること
③「人材」「技術」は、文脈によってさまざまな使い方が可能である。日本の人
材ととらえても、開発途上国の人材ととらえてもよい
④120字以内（句読点も１字と数える）、使ったことばに下線を引くという条件
を守っていること
以上の条件を満たしていれば○。

**9** ▶ 問題は63ページ

 児童労働が行われている理由

条　件　資料１・２をもとにする

考え方　●資料１は、世界の各地域における児童労働についている子どもの割合を示したもので、経済的に貧しい国でその割合が高いことがわかる。

●資料２は、子どもを雇う企業の立場について述べられた文章で、ここからは企業が利益を上げるためには人件費を減らす必要があり、そのために大人よりも子どもを雇いたがるということが読み取れる。

●２つの資料を関連づけて、児童労働が行われている理由を書くが、設問文そのものにも児童労働とは何かの説明がくわしく書かれていることを見落としてはならない。ここを読むことで、児童労働とはどのようなものかがわかり、取り組みやすくなる。

解答例

経済的に貧しい家庭の多い国では、子どもも働いて家計を支えなければならないという現実が存在するうえ、企業も利益を上げるためにより少ない賃金で雇うことができる子どもを多く雇おうとするから。

採点のポイント

①資料１から読み取れること（経済的に貧しい国で児童労働についている子どもの割合が多いこと）が書かれている

②資料２から読み取れること（企業は利益のために賃金がより安い子どもを雇いたがるということ）が書かれている

③　①と②を関連させて、児童労働が行われている理由としてまとめられている

以上の条件を満たしていれば○。

# 社会科の
# 記述問題
## の
# 書き方 改訂新版

日能研
ブックス